荒れ狂う
世界の救済

龍・鳳凰と人類覚醒

ベトナム・ハロン湾（降龍）／
タンロン遺跡（昇龍）の奇跡

88次元 Fa-A
ドクタードルフィン
松久 正
Tadashi Matsuhisa

ヒカルランド

レムリアの時代

穏やかな暮らしをしていたハロン湾の村に
侵略者が襲ってきました。
そこに根源龍神、ＨＵＡＲＯＮが舞い降りて
火の玉を吐いてハロン湾を救いました。

龍＝宇宙の叡智＝知識と情報
鳳凰＝地球の叡智＝生命力
人間と地球には両方が必要です。

これからの人類が進化するために

蛇と鹿、鷲と孔雀を大事にすること。

この4つの生命は大きなサポートになります。

カバーデザイン　重原 隆
本文デザイン　浅田恵理子
編集協力　宮田速記
校正　麦秋アートセンター
本文仮名書体　文麗仮名（キャップス）

目次

Part 1 神ドクター、ついに人類と宇宙の叡智を強力につなげる！

Part 2

ハロン湾で大もとの龍を開放する（鳳凰とつなげる）

Part 3

宇宙の叡智とつながるには、「今ここ」に生きること！

Part 1

神ドクター、ついに人類と宇宙の叡智を強力につなげる!

イルミナティ、フリーメイソンの集合意識を書きかえる

今までイルミナティとかフリーメイソンを変えようとした人は、量子力学的エネルギー波で瞬時に抹殺されていました。

その場で死ぬか、少し時間を置いて死んでいたのです。

それは、イルミナティ、フリーメイソンよりエネルギーが低かったからです。

人類を宇宙の叡智とつながらないようにしてきたのは彼らの中の一部の勢力です。

これは有名な話です。

彼らがその叡智を受け取って、その力で地球を支配してきました。

人類を宇宙の叡智と

つながらないようにしてきたのは、

イルミナティ、フリーメイソンです！

人類の集合意識が変わって、彼らも迷いつつあったのですが、それでもエゴが強くて、ちょっと前までは邪魔するものは全部抹殺してきたわけです。

私が88次元というエネルギーを持ってあらわれたのを、彼らはたぶん感じています。

彼らは、私を観察し、私の活動により起きている地球集合意識の動きを無視できなくなりました。

そして、今回、私は彼らの集合意識を書きかえました。

彼らを書きかえるに当たって、彼らの承諾、書きかえられてもいいという許しが必要だったのです。

私が去年、エアーズロック（ウルル・地球のへそ）を開いて、エジプトのギザのピラミッドの封印を開いて、日本の神を全部開いてきたのを、彼らは知っています。

エアーズロック（ウルル・地球のへそ）を

開いて、

ギザのピラミッドも開いて、

日本の神を全部開きました！

私が秋分の日にギザのピラミッドを開いて、天地人、宇宙と地球と人類がつながったので、次元が上昇しました。

いろんな構造物が一気にピラミッド化しているのです。

だからこそ、イルミナティは方向転換して、秋分の日のその瞬間に、人類と宇宙の叡智がつながるのを許したのです。

でも、フリーメイソンだけは、まだこだわっていました。

昨年の12月に私がベトナムのハロン湾で龍の大もとを開き、それから今年の1月の旧正月に沖縄の琉球王国を開き、今年の3月15日に、邪馬台国を世に誕生させたので、日本がリーダーになることは彼らもわかるのです。

私が琉球を開いたころからフリーメイソンが態度を変えてきていて、2月1日のアメリカ東部時間午前零時（日本時間午後4時）に、フリーメイソンの方針が変わりました。

今まで人類と宇宙の叡智は離しておくと言っていたフリーメイソンの集

エアーズロック

ギザのピラミッド

合意識は、そこはつなげていいという意識に書きかえられました。

これによって、2月1日から地球人類と宇宙の叡智はつながってよくなった。

そして、その後の2月12日に、ロスチャイルドも人類と宇宙叡智のつながりを許可しました。

これにより、人類が次元上昇することを邪魔するものはなくなりました。

地球エネルギーの最近の動向と展望

私ドクタードルフィン一行が2019年12月にベトナムに行って、誰も開いていない龍の大もとハロン湾とタンロン遺跡を開いたときに、龍が舞い降りて、鳳凰が出ました。

地球の龍と鳳凰の封印が解けて、覚醒して、龍と鳳凰が交わった瞬間です。

ハロン湾とタンロン遺跡を開いて、龍と鳳凰を世に出すというのが大きなテーマでした。

昨年の秋分の日に、エジプトにて、ギザのクフ王のピラミッドを開き、同時に、宇宙社会のシリウスを書きかえました。

地球のフリーメイソン、イルミナティを書きかえるどころではなくて、もっと次元の高いところで宇宙を書きかえているのです。

シリウスとか、アルクトゥルスとか、アンドロメダとか、リラとか、プレアデスとか、全部書きかえているのですが、シリウスを大きく書きかえたというのがまずポイントです。

それを私は「STELLAR REORGANIZATION（宇宙社会の再構成）」と呼んでいます。

ただ、この話は次元が大き過ぎるので、もう少し準備してからのほうが情報が入って、パワーアップしてお伝えできると思います。

もう1つは、青林堂から『神ドクター』に続いて、『神医学』という本も4月の下旬に出ました。

私がイルミナティ、フリーメイソンをリニューアルしたという話は、『神医学』にも入っています。

イルミナティ、フリーメイソンといえば、Mr.都市伝説 関暁夫さんと先日、鎌倉で会食をしました。一緒に本を出すことが可能になるかもしれません。

ロスチャイルドの集合意識も書きかえる

2020年2月12日午前10時30分、ロスチャイルドの集合意識にコンタクトし、それをも書きかえました。

イルミナティとフリーメイソンが人類と宇宙の叡智の結びつきを受け入れたことをロスチャイルドは知っていました。

ロスチャイルドも、人類と宇宙の叡智のつながりを受け入れました。

そうなると、金融界も完全に変わってきます。

これによって、いよいよ人類が宇宙の叡智とつながる。

今、私は抹殺されていないので、彼らがそれを受け入れているということです。

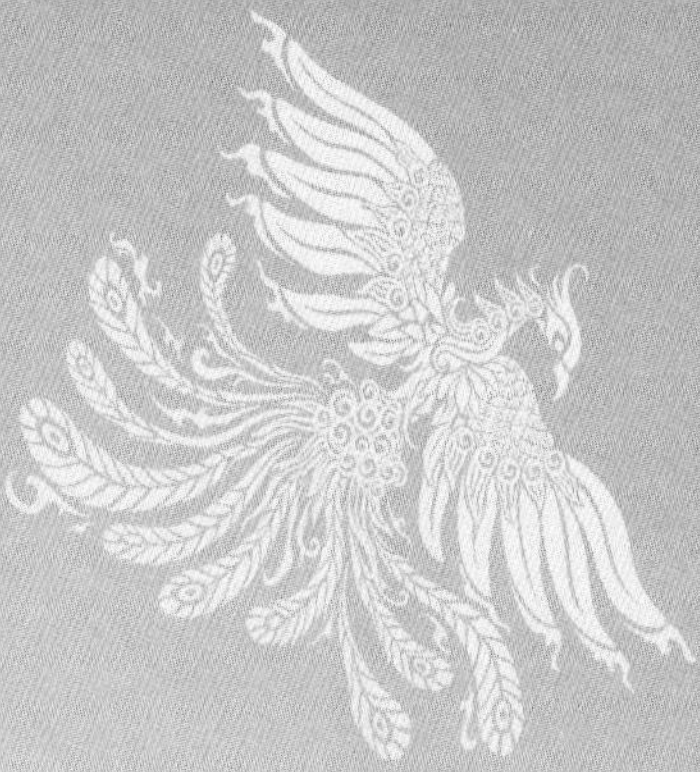

ロスチャイルドも書きかえたので、

これから金融界も

完全に変わります！

地球で初めて龍が舞い降りたハロン湾

私がハロン湾に行ったきっかけは、私が龍のエネルギーを重視しているということです。

『神ドクター』にも書きましたが、私のエネルギーは非常に高い次元とつながっています。

九州・熊本の幣立神宮に鎮座している大宇宙大和神（オオトノチオオカミ）は、「古事記」にも「日本書紀」にも出てこない神です。

これは宇宙の大もとの神で、地球に初めて舞い降りた神です。

その下に天御中主大神（アメノミナカヌシノオオカミ）とか、イザナギ、イザナミといった神々がいるわけです。

大宇宙大和神の上に、アソビノオオカミがいます。

アソビノオオカミは発音だけで、漢字がないのです。

大宇宙大和神よりもエネルギーが1つ高く、宇宙では最も高いのですが、エネルギーが高過ぎて地球には舞い降りてきていません。

約1万年前、大宇宙大和神が初めてかつ最も高いエネルギーで地球に舞い降りました。

この神のエネルギーは50次元です。

私は、そのときにシリウス、レムリア、アトランティスの中で、それぞれの主要ポストをやっていました。

以前はシリウスBの皇帝でしたが、今はネオシリウスに統合させたので、私はパラレルでネオシリウスの女王をやっています。

過去生も現在のパラレルなので、シリウスBの皇帝は今も存在しています。

宇宙の大もとの神、

大宇宙大和神《オオトノチオオカミ》は

地球に初めて舞い降りた神です!

この神のエネルギーは、50次元で、

私に舞い降りたのです!

だから、私は、シリウスBの皇帝、ネオシリウスの女王、レムリアの女王、アトランティスの宇宙司令官、縄文時代には神と人類をつなぐ役割、神の言葉を降ろす役割をしていたのです。

1万年前に、そういう存在であった私に大宇宙大和神のエネルギーが降りました。

魂がダブルで統合したのです。

私は「ソウルドッキング」と言っています。

人間は、あらゆる高次元のエネルギーとつながるときに、ダブルでもトリプルでもつながってくるのです。

どうして大宇宙大和神が私に舞い降りてきたかというと、私はもともと88次元とつながっていたので、50次元の大宇宙大和神が降りても大丈夫なのです。自分より低いエネルギー体に降りると、降りた先が破壊されてしまいます。

伊豆下田に龍宮窟という、世界でナンバーワンのパワースポットになるだろうと私が予言しているところがあります。

龍が舞い降りた穴が岩にあいています。

そこで私に大宇宙大和神が舞い降りました。

実は大宇宙大和神イコール金白龍王ですから、大宇宙大和神は龍の形で降りたのです。

つまり、ハロン湾は、地球に初めて龍が舞い降りた場所です。

今、私は、伊豆下田の龍宮窟に舞い降りたと述べましたが、龍宮窟は1万年前はベトナムのハロン湾の位置にあったのです。

それが、フィリピンを通って、伊豆下田に漂流してきました。

だから、最初に龍が舞い降りたのはベトナムのハロン湾であり、かつ、伊豆下田の龍宮窟なのです。

ただ、そのときに大事なのは、伊豆は流れてきた場所で、大もとはハロ

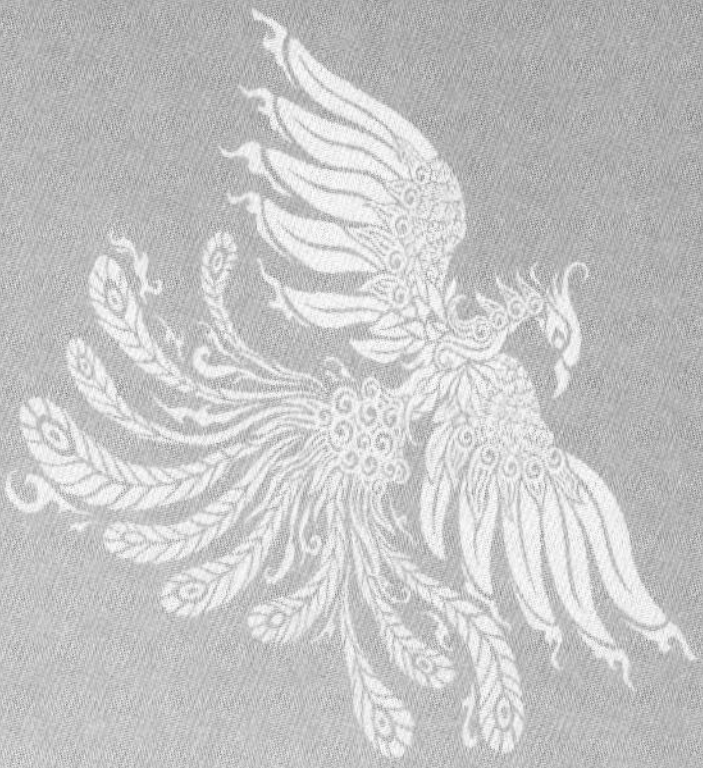

地球に初めて龍が舞い降りたのは、
ベトナムのハロン湾であり、
伊豆下田の龍宮窟なのです！

ン湾ですから、大地とつながっているハロン湾、龍が初めて舞い降りたところを開く必要がありました。

龍を完全に宇宙から降ろすことによって、その叡智が完全に舞い降りるようにするという役割があったわけです。

松果体の活性化を妨げる勢力

龍のエネルギーは非常に高く、最も高い50次元を具現化するエネルギーです。

私の感覚では、大宇宙にはいろんな星のコミュニティがあって、シリウスとかアルクトゥルスは20次元、30次元あたりですが、40次元とか50次元の星の社会もある。

そこには恐らく本当に龍が生きていると思うのです。

密度が低くてエネルギーが高いので、半透明体であっても龍の形の生物がいます。

龍が天から舞い降りるというのはまさにそのとおりで、龍には、高次元のエネルギーを地球に届ける役割があります。

だから、龍とつながるということは、イコール高次元とつながることです。

龍が舞い降りて人類に高次元のエネルギーを与えるというのが、大事なエネルギーの動きだったのです。そこには松果体が絡んでいます。

人類は、宇宙の叡智、龍のエネルギーを松果体で受け取ります。

今までは松果体が活性化せず、衰える方向にずっと仕向けてきた勢力がありました。

イルミナティ、フリーメイソンという勢力たちが、人類を宇宙の叡智、

龍には

人類に高次元のエネルギーを

与えるという大事な役割があり、

そこには松果体が絡んでいます！

龍とつなげないようにするために、松果体を不活性化し、衰えさせてきました。

ところで、この本を出すタイミングは非常に面白いのです。

私、ドクタードルフィンが、２０１９年の秋分の日にエジプトのギザでピラミッドを開いたこと、12月にベトナム・ハロン湾のドラゴンゲートを開いたこと、２０２０年の１月に琉球王国の封印を解いて、新しい次元で新生の琉球王国を開いたこと、３月に九州の大分で卑弥呼を開いて、邪馬台国を開いた流れにより、今まで人類と宇宙を途切らせて遮断していた勢力たちが、方針転換をしたのです。

彼らだけではコントロールできなくなってきたのです。

今、人類が目覚めかけています。

私はもちろん、いろいろな人がいろいろなことを発信して、松果体が覚醒し始めているので、彼らの力だけでは人類は統率できなくなりました。

これらの理由で、彼らが方向転換をすることになりました。

イルミナティ、フリーメイソンに加えて、ロスチャイルドまで、私が本書の執筆をしているこの瞬間に、人類と宇宙の叡智とのつながりを認めました。

この3者が認めたタイミングで私がこの龍が降りる本を書いていることは、1つの祝福です。

ハロン湾を開いたときは、2019年12月の初めでした。

その時点では、イルミナティだけはすでに認めていましたが、フリーメイソンとロスチャイルドはまだ認めていませんでした。

ハロン湾のドラゴンゲート開きが、フリーメイソンとロスチャイルドに認めさせる大きな原動力になったというのは大事なことです。

龍と鳳凰、両方のエネルギーが必要

今、龍は大変なブームになっていますが、大事なことを抜かしてきました。

世の中は陰と陽、ネガティブとポジティブで成り立っています。

全て対（つい）になって1つなのです。

ドラゴンは舞い降りるエネルギー、しかも、宇宙のエネルギーですから、涼しいエネルギー、水のエネルギーです。

これが宇宙の叡智のエネルギーの状態です。

ただ、水のエネルギーだけでは地球人は生きていけません。

生きていくにはやっぱり火のエネルギーが必要です。熱いエネルギーです。

宇宙の叡智だけでなく、地球の叡智が必要です。これが鳳凰のエネルギーです。

今まで人類は、宇宙とつながろうとばかりしてきました。

スピリチュアルは、宇宙とつながって、高い知識や情報を得たいということばかりやってきました。

だから、アンバランスでした。

どうしてそれがうまくいかなかったかというと、地球とつながっていなかったからです。

つまり、グラウンディングが弱かったのです。

人類が地球とつながるグラウンディングと宇宙の叡智とつながるハーモナイゼーションの両方が、自分の大もとの高いエネルギーと共鳴するのに必要なのです。

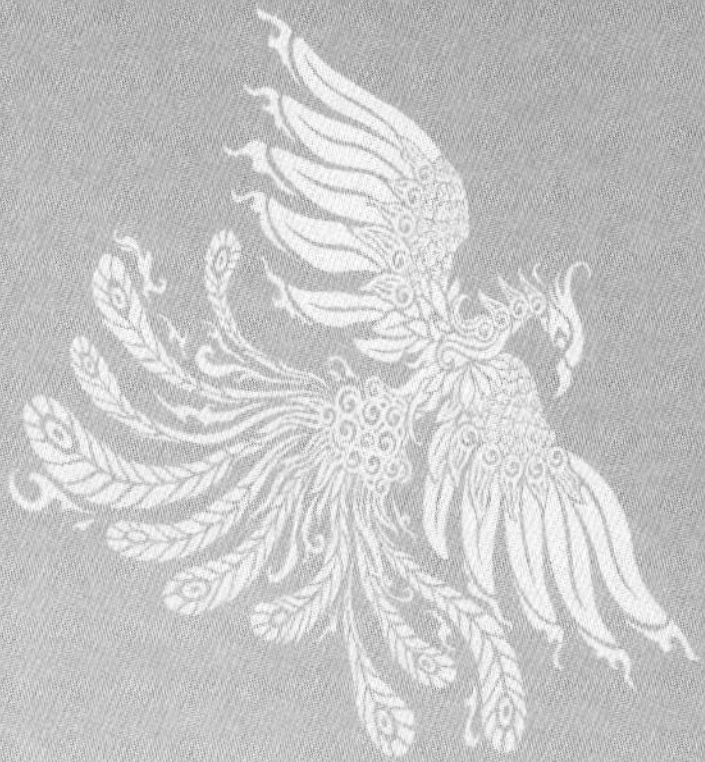

鳳凰は火だから

地球のコアから来ます。

ここつながってなかった、

グラウンディングが弱かったから、

アンバランスだったのです！

人類が幸福で地球に存在するためには、グラウンディングとハーモナイゼーションの両方が必要です。

今までは、宇宙とつながること、共鳴することというハーモナイゼーションばかり必要としてきました。

それがどうしてうまくいかなかったかというと、グラウンディングが弱かったからです。

鳳凰が上がってきていなかったのです。

龍は宇宙の大もとの高い次元から降りてきます。

鳳凰は火だから地球のコアから来ます。

地球空洞説もありますが、3次元的に捉えればマグマは火です。

鳳凰が上がってくる必要があったのですが、大もとの龍が降りてきていないと、鳳凰は眠ったままでした。

地球人はスピリチュアルとか言って、中途半端な龍とばかりつながってきました。

力の弱い龍たち、次元の低い龍たちとつながってきたので、人間より多少は高くても、大したところまでいかなかったのです。

龍として次元が一番高いのは50次元です。

50次元の龍は金白龍王のことですが、それが舞い降りた地、ベトナムのハロン湾を開くことが、地球人が宇宙の叡智とつながるために最重要課題でした。

それを私は「ドラゴンゲート」と名づけました。

龍のエネルギー、龍神が宇宙から地球に完全に舞い降りる、つまり、宇宙の叡智が完全に地球に降り注ぐために、龍が地球へ来るゲートはハロン湾にあるのです。

そのドラゴンゲートを開くということで、今回、私はリトリートツアーを組んだわけです。

ベトナムのハロン湾を開き、

50次元の龍、

金白龍王とつながることが

最重要課題だったのです!

ドラゴンゲートを開けば、地球の核で眠っている鳳凰が舞い上がり、鳳凰の根源、鳳凰王が目覚めます。

鳳凰のトップのエネルギーです。そこで初めて人間が機能するわけです。

知識と情報の叡智だけでは、地球では機能しません。機能するためには火の力、生命力が必要です。

龍＝宇宙の叡智＝知識と情報です。

でも、知識と情報があっても人間は生活できません。

鳳凰＝地球の叡智＝生命力です。

この両方が必要だったということで、今回、ハロン湾を開く意味がありました。

今までは龍、龍と言ってきましたが、実は鳳凰も同等に重要なのです。

今回はドラゴンゲートを開くという旅でしたが、実は鳳凰を目覚めさせるという大変な役割でした。

龍、龍と言ってきましたが、

実は鳳凰も同等に

重要だったのです。

鳳凰を目覚めさせるという

大変な役割でした！

Part 2

ハロン湾で大もとの龍を開放する（鳳凰とつなげる）

台風がハロン湾を直撃か

私がリトリートツアーに行くと、いつもいろいろな邪魔が入ります。

それには2つの理由があって、私を来させないようにするエネルギーが働くことと、もう1つは、そこの龍などのエネルギーたちが喜んでしまって、嵐を起こすことです。

そういうことが毎回あるのです。

今回は12月2日だったので、まず大丈夫だろうと思っていたら、季節外れの超巨大な台風28号がフィリピン沖からハロン湾を目がけて西進してきました。最初はスピードが速くて、私たちがハノイの空港に着陸するときに直撃する予報でした。

今回は大事なお仕事なのに、これでは飛行機が飛びません。

しかし、私の祈りにより、台風の速度が遅くなって、手前で急に方向転換しました。

それでなんとか行けるようになりました。

こういう出だしの出来事がありました。

それだけドラゴンゲートが開かれるのは大きなことだったのです。

そのころは、私がイルミナティだけは書きかえていましたが、フリーメイソンとロスチャイルドがまだ残っていました。

彼らは、人工台風とかウィルス感染とか平気で起こせるという話です。

12月1日は成田のホテルに前泊したのですが、成田に行くとき、鎌倉駅の上空にスペースシップクラウド（アンドロメダのエネルギー体）が来て、私を応援してくれました。

彼らのエネルギーが、台風を追い払ったのです。

ベトナム・ハロン湾　台風進路予想図

そして、12月2日、無事にベトナム航空ハノイ行きで、「ドクタードルフィン　特別リトリートツアーinベトナム　ハロン湾・タンロン遺跡　ドラゴンゲート開き」を始めることができました。

まず、ハノイに着きました。ベトナムの町はフランスの色が残っていて、かわいい感じです。食べ物もおいしかった。

ハロン湾は龍が舞い降りたところ、タンロン遺跡は鳳凰が舞い上がる場所だったのです。

まずハロン湾でドラゴンゲートを開いて、50次元の大もとの至高龍、金白龍王を降ろしておいて、次の日にタンロン遺跡に行きました。

龍が降りていないと鳳凰が出てこないからです。

龍のエネルギーは蛇と鹿の合体

私のエネルギー・リーディングでわかったことがあります。

実は地球にいる生物はほとんど宇宙から来たのです。

隕石だけでなく、宇宙人自身がいろんな遺伝子を運んできています。

龍のエネルギーは、どういう動物の合体かというと、1つは蛇というのは容易にわかりますが、もう1つはなかなかわかりませんでした。

でも、日本の神社では鹿が神の使いとされています。

龍も鹿も角が生えています。蛇と鹿の合体が龍です。

私が初めてエネルギーを読んだのです。

だから、蛇も鹿も大切なのです。

龍はまさに蛇のようですが、角が生え、四肢もあり、鹿が入っています。

金吾龍神社は、最も高い龍神を祀っている

鳳凰は何の合体かを読むことにも私はトライしました。これはもっと難しかったのですが、これがわかったエピソードがあります。

北海道の小樽にある金吾龍神社は、最もエネルギーの高い龍神を祀っています。

ここの主祭神は大元尊神、万神に先駆けて存在する「神の初めの神」です。

これは大宇宙大和神のことです。

幣立神宮では大宇宙大和神と言い、ここでは大元尊神と言っています。

私はここに行かないといけないと思って、東京・代々木の分祠に行きました。

ここは古神道秘伝をやってくれます。

宮司に大元尊神が降りてきて、語った言葉、ご神託を取り次いでくれるのです。

私もそれを受けたら、宮司さんがびっくりされて、

「大元尊神が呼ばれる方はめったにいません。あなたは大元尊神に呼ばれてここへ来ました。あなたがそんなすごいお役割の方とは知りませんでした。失礼しました」

と言われました。

そこで、「私は大宇宙大和神のエネルギーを持っているし、金白龍王でもあるんですよ」と言ったのです。

私は申し込み用紙にも書いていたのに、宮司さんは読んでいなかったの

か、びっくりしていました。

古神道秘伝で神とつながって自動筆記したりして、それを後で伝えてくれるのです。

小樽の金吾龍神社は、すごいパワースポットにあります。フゴッペ岬という龍の形をした長い岩の岬があって、そのつけ根の、麓から100メートルぐらい登ったところに奥宮がありますが、冬季は危険なため、立入禁止となり、登れないのです。

1月中旬、私が札幌の時計台で講演会を行ったとき、金吾龍神社に行かないといけないと思って、次の日に、ある人に連れていってもらうことになりました。

実は、私の講演会に来てくれた石垣島の女性が、カンムリワシの羽を持ってきました。

沖縄に住んでいても、カンムリワシは一生に1回会えるかどうかで、めったに会えないそうです。

その女性は私の講演会に来ると決まって、金吾龍神社に参拝したいと考えた矢先に、沖縄の石垣島にて、目の前にカンムリワシの羽がパッと落ちてきたというのです。

こんなものはめったに落ちてこない。

これは何か意味があると思ったそうです。

その人は、ハブに咬まれて意識がなくなり、2カ月間、生死の境をさまよいました。

そのときに、いろんな高次元の勉強をして、いろんなことがわかったそうです。どんな血清も効かない特別な種類のハブだったらしく、今、普通に生活できるようになったのは奇跡だそうです。

講演会の後の懇親会のとき、ジンギスカンの店に連れていってもらって、みんなで会食中に、その女性が私の横に座って、カンムリワシの羽を取り

出して、

「先生、龍を祀っている金吾龍神社というのがあるでしょう」

「僕、あした、そこに行くんだよ」

「よかった！　本当は私が行って、これを届けなきゃいけないと思っているんだけど、あした、私は自分の講演会があって、ちょっと難しいの」

と言うから、

「僕が届けてきます」

「よかった。お願いします」

と言われました。

翌日、私はそのカンムリワシの羽を持って、金吾龍神社に行きました。

でも、赤い鳥居の前に「雪のため通行止」と出ていて、登れないのです。

ドラマチックだったのは、私が羽を持って鳥居のところで祈っていたとき、羽の先がプルプルッと震えっ放しだったことです。

一緒にいた人も驚くぐらい、すごい振動で震えてくる。たぶん羽が、うれしかったのと、上に連れていけというので震えたのでしょう。

それを見て、私はもう危険を冒してでも行くしかないと思いました。鳥居から奥宮までは急な坂道で50メートルぐらい、雪の積もった真っ白な大地の中、通行止めをぶっ飛ばして、滑りそうになりながら、大元尊神が鎮座されている奥宮まであと10メートルぐらいのところまで登っていったとき、管理人みたいなおじさんが下のほうにブルドーザーで出てきて、「ダメですよ！　通行止めですよ！」と言ってきました。

後から知ったのですが、その神社を統括している一番偉い人だったようです。

「早く戻っていらっしゃい」と声をかけられて、奥宮に行けなくなってしまいました。

でも、このカンムリワシの羽を何とか奉納していかないといけないと焦って、「ちょっと待ってください」と言いながら横を見たら、小さな磐座（いわくら）のような岩がありました。

あと10メートルを突っ走っていく手もありますが、奥宮に行くよりは、磐座が気になってしまって、磐座の下に埋めてきたのです。

後から見たら、横にご神木みたいな木があって、まさに、そこだったのです。

だから、そのおじさんもあのタイミングで出るべくして出てきたんです。あそこで怒られなかったら、私はそのまま奥宮に突っ走っていましたから、小さい磐座にも気づかなかったでしょう。

参拝して羽を奉納した後、海のほうに行って、フゴッペ岬の岩にも参ってきました。

後から聞いたのは、小樽の余市のあたりはエネルギーが荒れていて、あそこの神社を整えることがすごく大事だったみたいです。

誰もあの神社を顧みずに、首里城と同じで、ちょっと前に社殿は崩壊したそうです。

それで東京の分祠だけやっていたのですが、私が行ったことで、今ようやく小樽の本殿にも動きが出始めたそうです。

駐車場もきれいに整備して再建するという動きが出たと、2週間前に関係者からお札状が来ました。

鳳凰と龍をつなぐことは、こんなに重要だったのです。

ベトナムで龍を降ろして鳳凰を上げてあったから、つなぐ役割ができたのです。

全部そういう流れがある。あのカンムリワシの羽があんなにプルプル震えるのを見たら、神エネルギーを感じざるを得ません。

そういうことがあって、私は、鳳凰は1つは鷲だということはわかって

鳳凰は1つは鷲、

もう1つは孔雀だったのです！

これは誰も知らないことです！

いました。もう1つはわからなかったのですが、DNAを読んでみて、孔雀だということがわかりました。これは誰も知らないことです。

蛇と鹿、鷲と孔雀は大事にしてください。これから人類が進化する、次元上昇するために、その4つの生命はすごく大きなサポートになります。

幣立神宮と金吾龍神社は、新しい人類のための二大神社です。

やはり龍だけでは足りなかったのです。

鳳凰が神社に乗っからないとダメだったのです。

人間は龍ばかり祀ってきて、鳳凰を祀っているところがないので弱かった。

鳳凰が入ると神社は永久に続きます。

宇宙だけだと神社が崩壊していってしまいます。

レムリア時代に侵略者に傷つけられた龍

1日目の夕食前には、ハノイの街で水上人形劇を見ました。水の下から操って、水上にいろいろな人形があらわれる面白いものでした。

なぜか人形が光って、すごく神々しいのです。

龍の顔が光るので、本当に龍のエネルギーが乗っかっているのだと思いました。

ハノイの街とかハロン湾は、龍そのものだと思いました。

台湾も龍と関係があると言われていますが、エネルギーとしては、ここが龍の最高峰です。

そこから台湾とかフィリピンに龍が流れてきたのです。

ハノイでは、一番有名なレストランに行きました。

安倍首相も小泉元首相も満喫したレストランです。

私はパクチーが全然食べられないので、「ノー・パクチー」と言いまくっていたのですが、全然通じなくてパクチーをグングン入れてくるのです。

スペイン語で「ノー・シラントロ」と言えばよかったのです。

「パクチー」は一切、通用しませんでした。

アイスコーヒーはおいしかったです。

今回のリトリートツアーの参加者は30名ぐらいでした。

参加者特典として、ゴールドドラゴンカードと、虎目石（タイガーアイ）に私のエネルギーを入れてプレゼントしました。

そのタイガーアイが後でキーポイントになります。

ここでは、虎の目ではなく、エネルギーとして龍の目となり、ドラゴンアイとなりました。

それを皆さんに1個ずつ持っていただいて、翌日、ハロン湾に向かうわけです。

その日は、ハノイの5つ星ホテルに泊まりました。

金白龍王は大元龍神でもあるのです。

金白龍王は私のエネルギーでもありますが、ハロン湾にもともと降りたのは、この大元龍神なのです。

私がハロン湾に行く数日前から、その龍が私に「いにしえの姿に戻してほしい」と語りかけてきていたのです。大きなお役割だったのです。

私が大元龍神（根源龍神）のDNAのエネルギーを読むと、最初に降りた龍の名前はHUARONでした。

だから、その場所がハロン湾なのです。

もう1つ、ハロンは漢字で「降龍」と書きます。

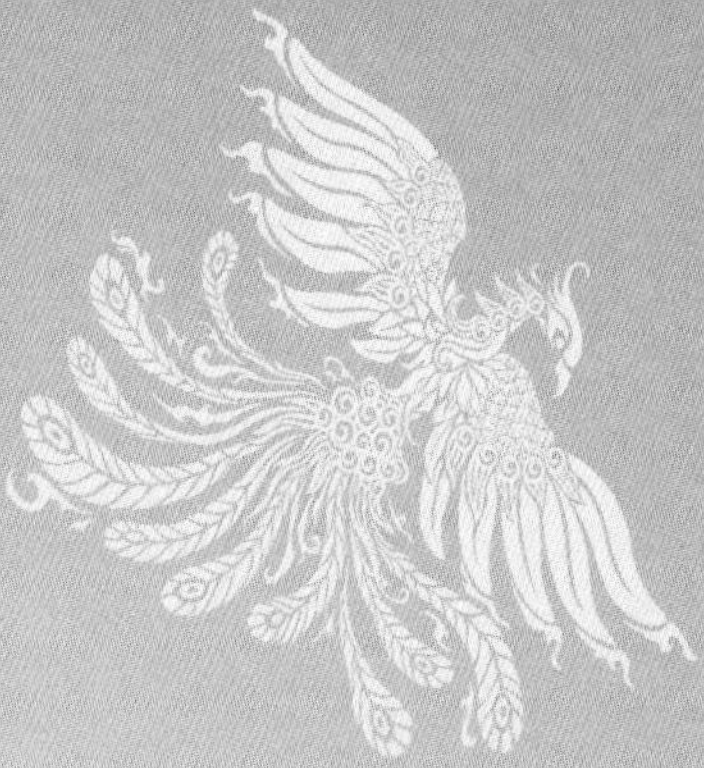

大元龍神（金白龍神）の
DNAのエネルギーを読むと、
名前はHUARONでした。
だからその場所がハロン湾なのです！
また、ハロンは漢字で
「降龍」と書きます！

だから、両方の意味があるわけです。

私は、ハロン湾の龍が手で刺繍された大きな絵を買いました。高額でしたが、ハンディキャップのある子供が刺繍した作品でした。すごく立派な額縁に入って売っていました。

ハロン湾では、この絵を掲げて、根源龍神開きをしました。

驚いたことに、ハロン湾はすごいリゾート地なのです。

私は、もっと寂れたところかと思っていました。

海に切り立った岩や小さな島がたくさんそびえていて、とても美しい景観です。

ハロン湾に行くと、エネルギーが龍ずくめです。

街自体が龍で、何にでも龍の絵が描いてあるし、「龍」という字がいたるところに書いてあります。

日本人はあまり知らないのですが、これから人気のパワースポットにな

ハロン湾をバックに

ると思います。

とても美しい観光地ですが、十分な龍のエネルギーが降りていませんでした。

それは、世界で最初に地球に舞い降りた龍が、侵略、エゴのエネルギーで傷ついたままだったからです。

こういう昔話がハロン湾に残っています。

昔、人々は平和な暮らしをしていたそうですが、あるとき、侵略者たちが来ました。そこを守ろうとして、龍が、宇宙から舞い降りたそうです。

それが地球に初めて舞い降りた龍です。

歴史上は紀元前数千年のこととされていますが、歴史というものは曲げられてしまうから、そんな近いことではありません。

私のリーディングではレムリア時代の話です。

約10万年前に、ハロン湾で豊かで穏やかな暮らしをしていた村に侵略者が入ってきました。

侵略者から守ろうとして龍（HUARON）が舞い降りて、火の玉を吐いてハロン湾を救ったのです。

その火の玉が冷えて固まって、あのハロン湾の岩になりました。

10万年前に、龍が本当に傷ついて弱ってしまって、いにしえの姿がなくなってしまいました。

ただ、レムリアは、8万年前に私がレムリアの女王で沈むときまで続きました。

侵略者に攻撃されたときは、私はレムリアの女王になる前だったのです。

レムリアを救ってくれた存在が根源龍神、HUARONでした。

そして、龍が吐いた火の玉が冷え固まった岩の1つが漂流して、1万年前に日本の伊豆下田の龍宮窟になりました。

そのときに、人間だった私に傷ついた龍が舞い降りたわけです。

だから、私の中に入っている龍もずっと弱っていたし、叡智のエネルギーが元気に降りてきていなかったのです。

今回、私がベトナム・ハロン湾の根源龍神を開いたのは、2つの理由がありました。

宇宙の叡智を地球に強力に降ろすため、プラス、私の中の龍のエネルギーを覚醒させて元気にするためです。

ベトナム・ハロン湾の龍はレムリア時代に舞い降りたのだということは、今まで誰も言っていません。私が初めてです。

現地の昔話は数千年前、縄文時代あたりの話ですが、本当はもっと古かったと私は捉えています。

龍が吐いた火の玉が岩になったということが大事です。

ドラゴンゲートを開く

ベトナムは、スタールビーとスターサファイアの産地として有名です。

2日目、ハロン湾に行く前にお店に寄って、私もとてもすばらしい石と出会いました。

高かったのですが、勇気を出して買いました。

両方ともベトナム産で、スターサファイアは龍の宇宙のエネルギーで、涼しいエネルギーです。

スタールビーは鳳凰の熱いエネルギーです。

スターサファイアとスタールビーの産地ということは、この石を持っていけということだとわかったので買わざるを得ませんでした。

そして、これらの石を持ってハロン湾に向かいました。

結局、これらの石のおかげもあって、龍のエネルギーと鳳凰のエネルギーが次元上昇し、ハロン湾のセレモニーは成功したのです。

ドラゴンゲートを開くためにハロン湾でフェリーに乗りました。船の中で皆さんとともにエネルギー開きをして、その後、船首に立った私の、「ハロンの龍よ、今こそいにしえの姿に戻って舞い降りたまえ」というかけ声のもと、セレモニーを行いました。

そうしたら、船が向かう方向から太陽が昇ってきたのです。

まさに船は太陽が昇るところに向かっていた。

私は全く何も調べていないので、こんなことは全く設定していません。

しかも、太陽が昇ってくるちょうどそのタイミングで私がセレモニーをしました。

この時間も設定していません。

これは狙ってもできないようなシチュエーションで、すごい奇跡でした。

そして、空全体がファーッと金色に光り出しました。

海面も反射して金色に光り出しました。金白龍王（根源龍神）です。

ピカピカッときて、周りが金のオーラで包まれました。

これは大成功したということで、参加者がみんな甲板に上がって踊りを献上しました。

ベトナム・ハロン湾で世界で最初に地球に舞い降りて、侵略・エゴのエネルギーに傷ついたハロン湾の根源龍神のエネルギーを癒やし、次元上昇させて、覚醒させました。参加者の皆さんとともに、太陽の光とともに、ハロン湾の傷ついた黄緑龍が金龍に変身して舞い降りました。

金龍に戻ったということです。

景色は金色になり、海面は金の光で満たされました。

この瞬間、ドラゴンゲートが開いたのです。

ハロン湾でのセレモニー

全く何もなかった空に、金色のドラゴンゲートが1分ぐらい出ました。虹ではありません。

奇跡のドラゴンゲートの写真です。ここから舞い降りたということです。根源龍神は、もともとライトグリーンと金色と、両方のエネルギーを持っていたのですが、弱ってしまって金色がなくなって、ライトグリーンだけになっていたのです。今は金色になったことを証明する写真です。

ハロン湾クルーズの後半では、ティエンクン鍾乳洞に行きました。

ここは龍の住みかだったのです。

つまり、弱った黄緑龍が住んでいた場所です。

これは岩で全部囲まれています。

龍を開いた後に行ったので、金龍の顔と胴体が写っています。首を下げています。

ドラゴンゲート（黄金の虹）

金龍の顔と胴体

タンロン遺跡——龍と鳳凰の循環

ドラゴンゲートを開いた次の日のハロン湾の朝、歓喜のエネルギーで出現したゴールドドラゴンと太陽の光が、十字をつくって祝福してくれました。

根源龍神覚醒のサインです。さらに、六芒星のエネルギーも出ました。

ホテルに戻って窓辺の写真を撮ったら、ネオシリウスの光の束がものすごい勢いであらわれました。

龍エネルギーはネオシリウスを経由して来ているから、ネオシリウスが「よくやった！　おめでとう」と祝福を送ってきたのです。

いよいよタンロン遺跡に行きました。

ゴールドドラゴンと太陽光の十字

タンロンは「昇龍」と書きます。

ハロンは「降龍」ですから龍が降りて、タンロンで龍が宇宙に昇る。

循環しているのです。

宇宙で龍がパワーアップして降りてきて、また昇って、またパワーアップして降りてくる。

龍の循環をつくるという意味で、タンロンも必要でした。

龍が舞い降りると、鳳凰が地球から出てくる。

ハロンで龍を降ろしたときに、実は鳳凰が地球から上がってきていたのですが、タンロンではその逆、降りた龍を上げて、上がった鳳凰を降ろしました。

龍と鳳凰を循環させたのです。

龍のエネルギーを降ろすのは、スターサファイア、青い石がいいのですが、水晶も万能の石で、それを可能にします。

水晶は松果体を活性化させます。

龍のエネルギーを受け取るサポートをするのが水晶です。

鳳凰のエネルギーは下から上がってきます。

これを受け取るのは尾骨の前方にある半透明体である第2の松果体、これをダイアモンドが活性化させます。

それは、完全反射がいいから、アルカダイアモンドがいいのです。

最高の研磨技術で磨かれた世界最高のダイアモンドです。

アルカダイアモンドの迫社長は、エジプトもハロン湾も一緒に行きました。

彼には行く役割があったのです。

エジプトでは、ギザのピラミッドの下にダイアモンドを設置する役割が、ハロン湾では、鳳凰を上げるための役割がありました。

彼が行ったことでさらにパワーアップしたのです。

タンロン遺跡の入り口にマンゴーの木がありました。

私は、龍を宇宙に戻して鳳凰を降ろすセレモニーを行う場所はマンゴーの木の前だと、直観で感じました。

ここでセレモニーをしたら、タンロン遺跡にあったいにしえの悲しみ、怒り、苦しみがすごく出てきました。

この遺跡に入った途端に、みんなそういう気分を味わいました。

私はそれを喜びと感動のエネルギーに書きかえるセレモニーをしたのです。

降りた龍が、その悲しみ、怒り、苦しみを天に持っていってくれたのです。

そして、鳳凰が舞い降りました。

私が「今、鳳凰を降ろします」と言った瞬間、体感温度が3度ぐらい上がりました。

タンロン遺跡のマンゴーの木

ものすごく暑くなりました。

そのときに鳳凰が降りたことがわかりました。

参加者の皆さんは、ここで不思議な写真をいっぱい撮りました。

太陽がすごく元気に、きれいになってきて、虹みたいになりました。

鳳凰のエネルギーです。

その後がまた面白かったのです。

タンロン遺跡の奥の階段のところに行ったら、ここが悲しみと怒りが一番蓄えられていた場所らしく、みんな泣き出しました。

そして、「懐かしい」と言うのです。

侵略されたとき、みんなベトナムにいたみたいです。

そういう仲間が30人集まって、自分の傷を癒やしに行ったのです。

レムリアの時代にも侵略されていたし、ベトナムになってからも中国とかアメリカの侵略をずっと受けていたから、そういう悲しみ、怒り、苦し

タンロン遺跡の階段

ハスの花になったドクタードルフィン

みがずっとたまっていたのです。

私は、今回の出来事を「ハロンとタンロンの奇跡」と呼んでいます。いにしえの龍をもとの姿に戻したドクタードルフィン、ドラゴンゲート開きリトリートツアー、タンロンの奇跡の現場です。

マンゴーの木に太陽の光が降り注いで、お喜びさまの写真です。

ベトナムの国花はハスの花です。

私がハスの花になっている写真もあります。

帰りの飛行機から見ると、空が黄金に輝いて、黄金龍が出ていました。

成田から大船に帰ってくるとき、車窓から写真を撮ったのですが、最初は龍の卵だったのが、龍の子どもみたいになって、龍になりました。

龍が生まれる一連の姿を見せつけてきたのです。

大人気！エネルギーワーカー光一さんのセミナーが続々と開催！

特別開催「人生デザイン1dayワークショップ」

日時：2020年5月10日（日）開演 13：30 終了 17：00

料金：30,000円

今回初めて公となる光一さんのオリジナルテクニックを扱っていくスペシャルワークショップです。

〈予定ワーク内容〉SSE「チョイスワーク」（初公開）／未来から現在のエネルギーを作り出すワーク

講師：光一

実践！『エネルギー経営術』1DAYワークショップ 出版記念第2弾！

日時：2020年5月24日（日） 開演 13：30 終了 17：00 料金：30,000円

※セミナー終了後、サイン会、パワーストーン販売会（ご購入の方は光一さんによるエネルギー調整付）を開催します。

Being（あり方）をデザインしていくことで、望む結果を現実化していく――。その方法をガンガン体験していきます！

陰陽統合エネルギースクール セルフデザイン科・第3期

日時：2020年5月31日（日）／6月28日（日）／7月26日（日）／8月23日（日）／9月27日（日）／10月25日（日）

時間：開演 13：00 終了 18：00 料金：369,000円（全6回分）

※スクール期間中、ワーク実践課題あり。

※光一さんによるリーディングと気づきを促すエネルギー調整付。

光一さんのエネルギーメソッドを仲間と共に習得します。陰陽の仕組みを理解し、望む人生をデザインできる力を身につけていく濃厚6か月コースです。

愛の〈神様と龍〉のおはなし会

講師：村中 愛

日時：2020年6月27日（土） 開演 10：00 終了 12：00
料金：8,800円
※会場はイッテル珈琲（東京都新宿区神楽坂3－6－22 The Room 4階）となります。

『ダイヴ！ into アセンション』出版記念セミナー＆懇親会

講師：横河サラ

日時：2020年7月5日（日） 開演 13：00 終了 15：00
料金：［セミナーのみ］6,000円、
［セミナー＋懇親会］10,000円（煎りたて珈琲とお菓子付）
※セミナー終了後、イッテル珈琲（東京都新宿区神楽坂3－6－22 The Room 4階）にて人数限定で懇親会を16：00～18：00で開催します。

腸心セラピー® 体験会

講師：渡邊千春

日時：2020年7月11日（土） 開演 12：30 終了 15：30
料金：3,000円

まるでSF！ SUMIKO！とコトネの本当にあった!? 古代の神々のおはなし

講師：SUMIKO!、アマノコトネ

日時：2020年7月18日（土） 開演 12：30 終了 16：30
料金：8,800円

ヒカルランドパーク
JR飯田橋駅東口または地下鉄B1出口（徒歩10分弱）
住所：東京都新宿区津久戸町3－11 飯田橋 TH1ビル 7F
電話：03－5225－2671（平日10時－17時）
メール：info@hikarulandpark.jp URL：http://hikarulandpark.jp/
Twitter アカウント：@hikarulandpark
ご入金後のキャンセルにつきましては、ご返金はいたしかねますので、予めご了承ください

増川いづみ博士と共に電磁波社会をサバイバル！

講師：増川いづみ

日時：2020年５月４日（月・祝）　開演 13：00　終了 15：00
料金：8,000円
※会場は AP 市ヶ谷（東京都千代田区五番町１－10大郷ビル）となります。

免疫力＆魂のスタミナがアップする「弥勒力セミナー」

講師：福田純子

日時：2020年５月９日（土）　開演 13：00　終了 16：00
料金：6,000円

三角大慈が新たなゲートを開く
〈木内鶴彦が見てきた地球人の未来〉超拡張バージョン編②

講師：三角大慈、木内鶴彦

日時：2020年５月10日（日）　開演 13：00　終了 15：30
料金：7,000円
※会場はアルカディア市ヶ谷（東京都千代田区九段北４－２－25）となります。

ホップでつくった CBD オイルセミナー

講師：石山雅男

日時：2020年５月15日（金）　開演 18：30　終了 20：30
　　　2020年６月16日（火）　開演 13：30　終了 16：30
料金：無料

「ラー一族」TOP ３リーダー直伝！　個人（パーソナル）
アセンション　次元上昇≪誘導＆到達≫セッション講座
～三位一体実践ワークでアセンションの波に乗る（全３回）～

講師：ラリア

日時：2020年５月17日（日）　開演 13：00　終了 16：30【「天の巻」勾玉のワーク】
料金：18,000円

タイムウェーバーセッション　予約受付中！

多次元量子フィールドへアクセスし、未来への指針を導き出してくれる「タイムウェーバー」。当初、神楽坂ヒカルランドみらくるでのみ行われていた、専属スタッフによる対面セッションが、現在はヒカルランドパークでも受けられます。また、2020年２月より回数制限がなくなり、お１人様何回でもセッションを受けていただくことが可能になりました。随時予約を受付中です。この機会にぜひセッションをお受けいただき、タイムウェーバーとともに、抱えている問題を解決する糸口を見つけ、より素晴らしい人生が送れるよう未来を切り拓いていきましょう。

タイムウェーバーとは？

●地球と人類のレスキューオペレーションを目的に、エネルギー医学の先進国ドイツで開発。
●12次元の宇宙情報フィールドを駆け巡り、「潜在意識、トラウマ、カルマ、先祖、前世」からのメッセージを通して、人生の意味と意義深さを教える。
●「過去、未来の情報を含む６次元以上の領域」にアクセスし、「スピリチュアル、カルマ、遺伝子、DNA、染色体、遺伝的要因」などの情報を分析、調整。
●どんな質問にも答え、今起こっている現実の理由を提示しながら、量子フィールドで情報を書き換え。

１日３枠限定（１時間制）
A枠12：30～13：30／B枠14：15～15：15／C枠16：00～17：00
料金：35,000円
会場：新小川町セッションルーム（東京都新宿区新小川町５−16 小宮山ビル３階）
※セッションが受けれる日は不定期となります。ヒカルランドパークホームページにてご確認、またはヒカルランドパーク（03-5225-2671）までお問い合わせください。
※お得なセット割（３回券／５回券）もご用意しております。

Part 3

宇宙の叡智とつながるには、「今ここ」に生きること！

人類がかつて目覚めていた時代、覚醒状態だったとき！

地球史上、超古代のときは、人類が宇宙のエネルギー、宇宙の叡智、つまり、高次元の神々とつながっていた時代がありました。

そのときは統治者は必要なく、各個人で非常に強大な力を持っているために、それぞれが必要なことを行える能力がありました。

しかも、その能力はけんか、戦争になることなく、お互いに協力し合っていました。

統治者がいなくても、愛と調和の時代がありました。

その理由はただ1つ、宇宙の叡智とつながっていたからです。

それが人類が目覚めている状態、いわゆる覚醒という状態です。

ただ、社会の統率者が出てきてからは、自分たちが統率するためには、自分たちよりも高いエネルギーを持っていては困るわけです。

同じエネルギーでも困るわけです。

自分たちより下の人間を統率する社会にしなければいけないということで、自分たちは宇宙とつながったままで、さらにつながろうとする、片や自分たち以外の人間の宇宙の叡智とのつながりを遮断してきたという事実は、よく言われることですが、まさにそのとおりです。

しかし、10年前、30年前だと、こういう本を出して、人類を叡智と再びつなぎ直して、さらに強力化して、次元を上げて、一人一人で目覚めて生きていく時代をつくろうとしても、なかなか難しかったのです。

それは、そんなことはできるわけない、誰かに頼っていないといけないという集合意識が強かったことと、統率する側が一切譲らない、自分たちが頂点に立って、あとは全部自分たちが支配するんだという意識が強過ぎたという2つの理由がありました。

いよいよここに来て、ようやく急展開し始めました。集合意識が自分たちも一人一人で目覚めたいと思うようになった、目覚める必要があると思う時代が来たことが1つと、もう1つとして、支配する側が緩んできたという2つの要因があります。

人類と叡智がつながるのを、もう邪魔できない、受け入れるしかないという状態になってきたということです。

つなげた状態で、彼らも彼らで恩恵を得ようとしているわけです。

統率者でなくて、横並びの段階で恩恵を得ようと考えてきたということです。

これから人類が目覚めてくると、縦の社会が減ってきます。

横の社会が広がるわけです。

今までは十字架の形でした。

支配する側は
もはや人類が宇宙の叡智と
つながるのを阻止できない、
受け入れるしかないという
状態になってきた……

バイオペースト

商品価格：1,848円（税込）

人は口に含んだものの成分を舌下吸収で少しずつ体内に取り込むので、歯磨き剤にも気を使いたいところ。バイオペーストは全成分が天然由来のものに限定しているので、食品レベルの安全性で万が一飲み込んでも安全、そのまますすがずに口腔内ケアができてしまいます。研磨剤、界面活性剤は使用せず、海水と植物由来の「バイオミネラル」で、強い洗浄力を実現。コーヒーやタバコのヤニまで浮き上がらせ、また歯周病菌など、虫歯の元になる菌が混在するバイオフィルムにも働きかけます。歯垢や歯石を付きにくくして、口臭予防や歯茎のマッサージにもおすすめです。

内容量：60g／成分：水、グリセリン、セルロースガム、ミネラル塩、キシリトール、メントール、海塩、ヒドロキシアパタイト、乳酸桿菌／ダイコン根発酵液、炭酸水素Na、グリチルリチン酸2K、（クロロフィリン／銅）複合体、セイヨウハッカ油／使用方法：適量を歯ブラシにとり、歯と歯茎を丁寧にブラッシングしてください。

わたし

商品価格：5,500円（税込）

「美しくありたい」という誰もが持つ願いを叶えることをコンセプトに開発されたシャンプー。琉球の地で、美しく生きることを提案するべく活動している〝kimi〟と〝tami〟がコラボしました。成分は松果体を活性化させるという「琉球松」に、マグダラのマリアが使ったという貴重なオイル「スパイクナード」、古代より世界各地で宗教儀式に使用された「フランキンセンス」など。脳の活性化、デトックス、浄化作用、リラックスなど、洗うことであらゆる癒しを与え、自分本来のあるべき姿「わたし」へ導いていきます。髪だけでなく全身に使えるオールインワンシャンプーなので、頭頂からすべての源である子宮の浄化まで、解放が促されていくでしょう。

内容量：225ml／成分：水、ラウロイルメチルアラニンNa、ラウロイルアスパラギン酸Na、コカミドプロピルベタイン、コカミドDEA、PEG-150ほか

※数量限定品のため、在庫がなくなり次第販売終了予定。

天然酵素水
商品価格：5,650円（税込）

生産者・技術者の想いを結集したオススメの「酵素」の栄養ドリンクがコチラ。梅や栗、おからや糖蜜など、日本古来より体に良いとされてきた高波動の原料から抽出したエキスを、300年以上の歴史を持つ老舗酒蔵にて複合発酵という独自の技術で醸造。さらに「神に通じる水」と評価を受けた、富士山の雪解け水が300年以上経過した貴重な水を使用しています。免疫系、腸内環境、代謝、美肌効果など、豊富な酵素が飲む人の体内で善玉菌と結びつくことで体全体を整えていきます。1日に原液30mlを目安にお飲みください。水やフレッシュジュースなどで薄めてお飲みいただくこともできます。500倍程度の水で希釈したスプレーを用意すれば、お肌ケアのアイテムにも。

内容量：1000ml／原材料：水（富士の伏流水）、松、梅、枇杷、栗、桜、竹、イチジク、桃、柿、オカラ、糖蜜

※直射日光および高温多湿の場所を避けて保存してください。

※開栓後は必ず冷蔵庫に保管し、1～2か月を目安としてお飲みください。

※自然の原料のみを使用しているため、発酵具合により色味や味に差異が生じる場合があります。

クアトロエイチ水素サプリメント
商品価格：12,960円（税込）

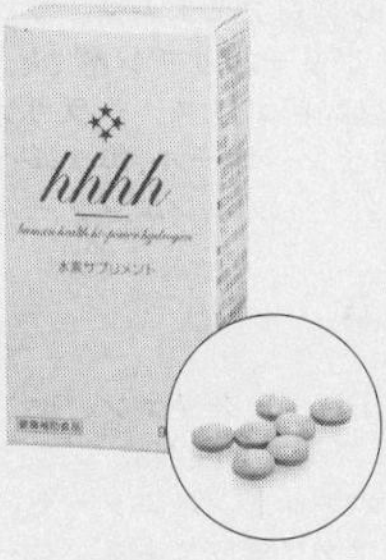

水素研究のパイオニア・若山利文氏が、新ブランド「クアトロエイチ」より、腸内環境を万全に整えるサプリメントを開発しました。その大きな特徴は、食物繊維やミネラルが豊富で難消化性でんぷん（レジスタントスターチ）を50%近く含む「グリーンバナナ」。健康の鍵となる大腸にまで成分を届け、水素やNB菌の力と相まって体の隅々まで活性化します。

内容量：90粒／成分：グリーンバナナ（マレーシア産（サバ州））、乳糖、醗酵大豆オカラ粉末、明日葉粉末、鹿角霊芝粉末／サンゴカルシウム、結晶セルロース、ステアリン酸Ca、二酸化ケイ素、HPC／使用目安：健康食品として、1日2～3粒を目安に水またはぬるま湯とともにお召し上がりください。

※バナナアレルギーの方はお控えください。※血清カリウム濃度が4.4mEp／リットル以上の方は、高カリウム血症となり心臓への負担をかけますのでお控えください。※薬を服用あるいは通院中の方、妊娠および授乳中の方は、医師にご相談の上お召し上がりください。

アウンセル コンセントレートシリーズ

「肌が変わると、気持ちが上がる。
そこにはその人を変える力があるんです。」（豊田温資先生）
アウンセルシリーズは豊田先生の氣のエネルギーに加えて、天然成分を絶妙なバランスで配合。エネルギーが高い純度の様々な天然成分を、微妙な調整を繰り返し、最適な成分バランスを探り出すことができたからこそ、上質のコンセントレートシリーズが誕生したのです。
使えば使うほど、豊田先生のエネルギーのベールをまとえるコンセントレートシリーズの極上感をぜひ、ご自身でご体感ください！

アウンセル コンセントレートソープ（3個セット）
商品価格：7,590円（税込）
標準重量：90g／配合成分：カリ含有石ケン素地、ソルビトール、ヤシ脂肪酸、グリセリン、ベントナイト、コカミドプロピルベタイン、ブライオゾーア、スクワランオイル、トコフェロール、プラセンタ群、アラントイン、ヒアルロン酸、竹炭、カミツレ花エキス、シラカンバ樹液、出雲・湯村温泉水、大豆油、ホホバオイル、ラベンダー油、ジャコウ草、マヨラナ葉エキス、BG、フルボ酸、ペンテト酸5Na、ほか

アウンセル コンセントレートローション
商品価格：6,930円（税込）
内容量：120ml／配合成分：水、センチフォリアバラ花水、BG、ベタイン、ソルビトール、グリセリン、プラセンタエキス、オタネニンジン根エキス、サッカロミセスセレビシアエエキス、マグワ根皮エキス、ローヤルゼリーエキス、グリチルリチン酸2k、アラントイン、ヒアルロン酸Na、カミツレ花エキス、シラカンバ樹液、フルボ酸、PCA-Na、1,2ーヘキサンジオール、エチルヘキシルグリセリン、カルボマー、水酸化Na、フェノキシエタノール

アウンセル コンセントレートクリーム
商品価格：7,480円（税込）
内容量：50ml／配合成分：水、温泉水、BG、スクワラン、センチフォリアバラ花水、ホホバ種子油、ヒアルロン酸Na、プラセンタエキス、シラカンバ樹液、スーパーオキシドジスムターゼ、ユビキノン、オタネニンジン根エキス、マグワ根皮エキス、ローヤルゼリーエキス、マヨラナ葉エキス、カミツレ花エキス、加水分解ダイズタンパク、フルボ酸、アラントイン、ラベンダー油、レプトスペルムムペテルソニイ油、1,2ーヘキサンジオール、エチルヘキシルグリセリン、ほか

太古の水原液

商品価格：(0.5cc×20個)×2パックセット　5,184円（税込）
　　　　　(1cc×20個)×2パックセット　9,720円（税込）

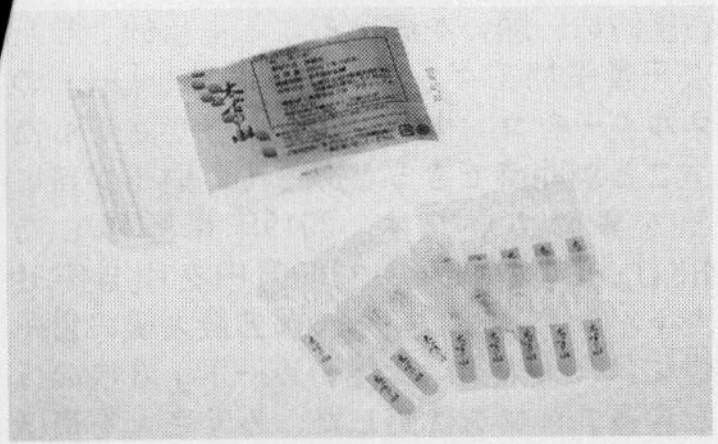

彗星研究家・木内鶴彦氏が、自身が生死をさまよった体験から、地球に生命が誕生したころの気圧や引力など、太古の地球環境の水をイメージして作られた、活力に満ちた水です。通常、湧き水などの活力にあふれた水も、時間とともに普通の水に戻ってしまうと言われています。太古の水は活性化した状態が保たれた水なので、飲み続けることにより体内の水を活性化し、健康維持が期待できます。デトックス効果に優れ、体調が良くなったなど、嬉しいお声をたくさんいただいています。0.5ccサイズは、500mlのミネラルウォーターに0.5ccの原液を１本入れてご使用ください（１ccサイズは1000mlに１本）。ごはんやおかゆを炊いたり、味噌汁や野菜スープを作る時に使用すると、素材の味を良く引き出します。

セルフォ（セルフ・オーリング・テスター）

商品価格：3,850円（税込）

オーリングテストって知ってますか？
２本の指で丸い輪を作り、相手も指で丸い輪を作って、その相手の丸い輪を引っ張り、輪が開くかどうかで様々なことを判断する、代替医療の診断法として医学界でも認められたテストです。従来は二人でテストしていたこの方法を、セルフォなら一人でできます。
どこへでも持ち運びできるサイズで、使用する人の握力に応じて使い分けできる３段階設定。カラダのツボの場所や、薬・化粧品などを買う時に自分に合うものはどれかなど、気軽に試すことができます。さらに使いこなせるようになれば、人との相性や未来予測など様々なことに応用もできます。

11−1（イチイチのイチ）

商品価格：１箱２g（粉末）×30包　9,612円（税込）
　　　　　３箱セット　27,000円（税込）

「11－１」は、東京大学薬学部が長野県の古民家にあった「ぬか床」から発見し、他の乳酸菌やブロッコリー、フコイダンよりはるかに高い免疫効果が測定されたという、新しい乳酸菌です。フリーズドライされた死菌状態で腸に届き、胃酸や温度の影響を受けず善玉菌の餌に。さらにグァー豆と酒粕を加え、腸内環境を最適なバランスへと整えます。普段の生活の中で弱りがちな「免疫力」を強化して、感染症の予防や肉体の老化予防に。
原材料：グァーガム酸素分解物、殺菌乳酸菌［デキストリン、乳酸菌（＃11－１株）］酒粕発酵物、食用乳清Ca／お召し上がり方：１日１～3包を目安に、水に溶かすかそのままお召し上がりください。牛乳、ヨーグルト、ジュースや温かい飲み物、お料理に混ぜても働きは変わりません。／添加物不使用

11－１をご購入の際はヒカルランドパークまで、お電話ください。インターネットによる販売はお受けできませんので、ご了承ください。

ゆめたまご フッテフッテ☆ドリーム

商品価格：39,600円（税込）

ひと回り小さな卵くらいの大きさで、手のひらにぎゅっと握って振れば、シャカシャカと気持ちの良い音が鳴る「ゆめたまご フッテフッテ☆ドリーム」。中に入っているνGナットと、シリウスボールが擦れ合って、癒しの波動が周囲に放射状に拡散されます。「ゆめたまご」の名のとおり、お願いごとをしながら振ることで、中に内蔵された「氣」の入ったナットの波動に、あなたの夢が乗って運ばれます。ふだんから身につけて、仕事・恋愛・金運・健康運など、叶えたい夢の分だけシャカシャカ振りましょう♪　卵から発せられた波動が、願いに呼応して、幸運を引き寄せてくれることでしょう。
サイズ：高さ約50mm×幅約32mm／重量：約170g
※衝撃を与えないでください。また、開封すると修復不可能になります。必ず密閉してお使いください。

イチゴ卑弥呼伝説ジャム

商品価格：1個　1,944円（税込）／ギフトセット（2個入り）4,152円（税込）

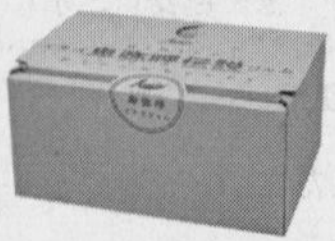

本物を追求する招魂の画家・篠﨑崇さんがこだわり抜いて作った、渾身のイチゴジャム！　通常店頭に並ぶことのない、完熟してから収穫した「完熟とちおとめ」を使用し、深い甘みと独特の酸味が、そのままの美味しさでお楽しみいただけます。もちろん、増粘剤・香料・着色料・保存料は不使用。モンドセレクション2008年より金賞を受賞し続けている、奄美諸島産「素焚糖」のこっくりとした濃密な甘さに、保存料代わりのスーパーフード「クコの実」のアクセントも加わって、唯一無二の美味しさに仕上がっています。この美味しさは、たくさんの食通、食のプロも大絶賛♪　2個入りのギフトセットは、贈り物としても喜ばれるでしょう。

内容量：280g／原材料：いちご（栃木県産）、素焚糖、クコの実、レモン果汁／保存方法：開封前は直射日光を避け、常温で保存してください。開封後は冷蔵庫（10℃以下）に保存し、なるべく早めにお召し上がりください。

FTW ビューラプレート

商品価格：55,000円（税込）

書籍『わが家に宇宙人がやってきた!!』に登場する宇宙人ミルトンさんが、宇宙から無限のエネルギーを享受でき、生活のあらゆる面でプラス効果を与えると称賛したFTWビューラプレート。この特殊なセラミック素材には空中から電子を誘導する働きがあり、これにより細胞は元気に、酸化・糖化も還元・抑制されます。調理の際に活用すれば、毎日の食の質が安全で氣のあるものへとアップする、頼もしい活躍をしてくれます。また、プレートから発する遠赤外線は「生育光線」とも呼ばれ、命あるものすべてを活性化させます。調理の際にお鍋や電気釜の中に直接入れる、料理と一緒に電子レンジへ、飲み物や食べ物をプレートの上に置く、発酵食品をつくる時に一緒に入れる、お腹や腰に巻き付ける、お風呂に入れるなど、幅広い使い方ができます。電源は一切不要で半永久的に効果が持続するので、末永くお使いください。

素材：FTWセラミック／サイズ：直径144mm／製造国：日本

プレミアム・クォンタムウォレット「MIKU」

商品価格：60,907円（税込）

地球の動向を温かく見守っているハーモニー宇宙艦隊に、願いを届けることを目的とした超次元量子加工グッズ。なかでも、「財」のエネルギーをコントロールし、豊かさをもたらすことが期待できるとあって、財布が特に人気を集めています。2019年に登場した「MIKU」は、標準でも1200万円を引き寄せるキャパシティーを持ち、過去最大級の量子パワーを兼ね備えています。財布の中には、大人気「太陽のカード」3枚のほか、この財布の開発者で自ら爆発的な金運アップを体感した、みくさんを肖像化した「クォンタムマネーMIKUコイン」を3枚封入。分身のように財のエネルギーを他者と共有することができます。

サイズ：200mm×110mm×厚さ30mm／素材：牛革（内装：牛革、ナイロン）／お札入れ4、コイン入れ1、カードホルダ12、サイドポケット2／外装・内装エンブレム：真鍮に18金メッキ

※品切れの場合、お届けまでお時間をいただく場合があります。

ソマヴェディック・ポータブル

商品価格：6,930円（税込）

世界で2万台以上も愛用されている、イワン・リビャンスキーさん開発の「ソマヴェディック」シリーズに、持ち運びのできる携帯版が登場。クリスタルガラス面に「ソマヴェディック」の形状が彫り込まれ、そこに転写したエネルギーが、オーラの調和や、ネガティブなエネルギーの排除、電磁スモッグの排除などあなたを守ってくれます！　身につけることで体の周囲にプロテクションエネルギーフィールドを作り、範囲は最大半径3m。もし「ソマヴェディック」のいずれかの機種をお持ちなら、家に設置した「ソマヴェディック」と連携し、外出時いかなる場所でも必要なエネルギーで守り、夜間はその上に置いてエネルギーチャージもできます。「ソマヴェディック」をお持ちでない方でも一定のエネルギーは保たれますので、まずはこちらから試してみるのも良いでしょう。

クリスタルガラス製／サイズ：縦30mm×横20mm×厚さ15mm／重量：33.50g／効果範囲：半径3m

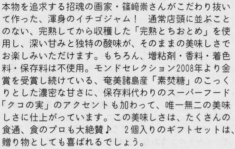

縦が長くて、横が短い。統率する力は強いのですが、横の社会のエネルギーの調和が少ないという時代でした。

でも、これからはひっくり返って統率がなくなって、横の調和の力が一気にふえます。これが各個人が宇宙の叡智とつながるという時代です。

正十字の時代です。

人間に頼らず、高次元のサポートを得る

今までどうして人類たちは支配者を受け入れてきたのでしょうか。

自分たちはなりたいものになれるはずがない、高望みしてはいけない、人間なんて1人には大した力はないんだ、人の力をかりないと、社会の力をかりないと何もできないんだという固定観念がどうして生まれてきたか

というと、宇宙の叡智と完全に途切れていたために、人間自体の生命力の波動、生命振動数が低かったためです。つまり、次元が低かったからです。高次元の宇宙の叡智は高振動数の波動で、エネルギーが高い。そことつながっていなかったので、エネルギーが低かったのです。低い振動数である人間は、低い振動数の世界としか共鳴できないわけです。低い振動数の世界は、限界だらけの世界です。

つまり、時間と空間の縛りが強烈に強い。

過去は固定されている。未来も自分で決められない。空間も自分が今いるところだけに固定されている。

本当は自由にエネルギーを動かせるのに、固定して縛りつけられているという感覚が強い。

これが次元の低い世界です。

時間、空間に縛られて、しかも、自分の能力が低いということになると、

低い振動数の世界は、

限界だらけの世界です。

つまり、時間と空間の縛りが強烈に強い。

過去は固定されている。

未来も自分で決められない。

空間も自分がいるところだけに

固定されている。

誰かに頼るしかありません。

ただ、人間に頼ろうとしても、同じ人間同士、低いエネルギーの個体同士だからダメなのです。

そこに社会という組織が存在しています。

社会というのは、権利、支配力を持つわけです。

言うことを聞かないと罰を受けるという社会をつくってしまいました。

だから、その中で罰を受けないように、法に決められた中で自分ができることを探るしかなかったわけです。

法に縛られてしまうと、同じように学校に行って、同じように働くしかなかったのです。

それをしないとおカネを稼げないから、社会に認知されないから、社会人として成り立ちませんでした。

今、人間はようやくスピリチュアルとか、物質でなく目に見えないものが大事と言い始めたのですが、それでもまだまだ何もわかっていなくて、人に優しくすればいいんだとか、人にいいことをすれば返ってくるんだとか、自分を犠牲にすることが自分の将来にとっていいことだとか、自分を抑えつけて、しかも、他人の力、友達とか、仲間とか、権力者とか、博学な人とか、社会の力を得ようとしてきました。

それを得ることで自分の無力さをカバーしようとしてきました。

しかし、社会を治めている人間もしょせん低次元です。

大元締めは宇宙の叡智のことを知っていますが、彼らはそこで閉じ込めていて、一般社会の国を治めているリーダーたちとか、そういうのは低次元の人ですから、低次元の人が提供するものは大したことがないのです。

限界がある中で最大限のおカネを補助したり、最大限の人的支援をしたり、最大限の環境を与えたり、最大限の学力をつけさせたり、最大限の能力を磨くお手伝いをしたりしてきました。

つまり、知らず知らずのうちに、人間ができることはここまでだ、しかも、ここまでも行けるわけがないんだ、自分たちの身分はこの中でもこの程度だという2つの枠をつくってしまったのです。

最大限に行ってもここは超えられないという枠と、自分の今の状態からしたら、ここまでしか行けないという枠、この二重の枠を持っているのが、人類の究極的な欠点だったわけです。

本来、人間はこの枠を超えたもっとすごい能力を持っているのに、これがある限り、それを持っていないと思わされてきたのです。

今こそ大事なのは、人間以上の力を持った存在のサポートを得ることです。

自分は超えられるんだ、自分でなくても、周囲の人間とか社会が超える姿を見て、人間は実はそういうこともできるんだと、自分の固定観念を壊して、新たな自分の観念をつくっていかないといけないのです。

最大限に行っても
ここは超えられないという枠と、
自分の今の状態からしたら、
ここまでしか行けないという枠、
この二重の枠を持っているのが、
人類の究極的な
欠点だったわけです。

そのために、今、人間以外のサポートは絶対に必要不可欠です。

逆に言うと、人間のサポートなんか得ても、その人間が都合がいいときは協力するけど、自分が本当におカネが大変になったり、仕事がうまくいかなくなったり、状況が変わると態度をガラッと変えて裏切ってしまうのです。

人間は脳を持っています。

脳を持っている生命体のサポートは不安定なのです。

脳でとらえる自分は常識と固定観念をろ過したエゴの思念だから、本当の自分ではありません。

自分でない人間たちをサポートにつけても、その人間たちがプラスの場合はサポートするけれども、マイナスの状況になったら平気で裏切るし、平気でウソをつくのが今の三次元の人間です。

社会もそうです。約束していても、自分たちの政治・経済がうまくいか

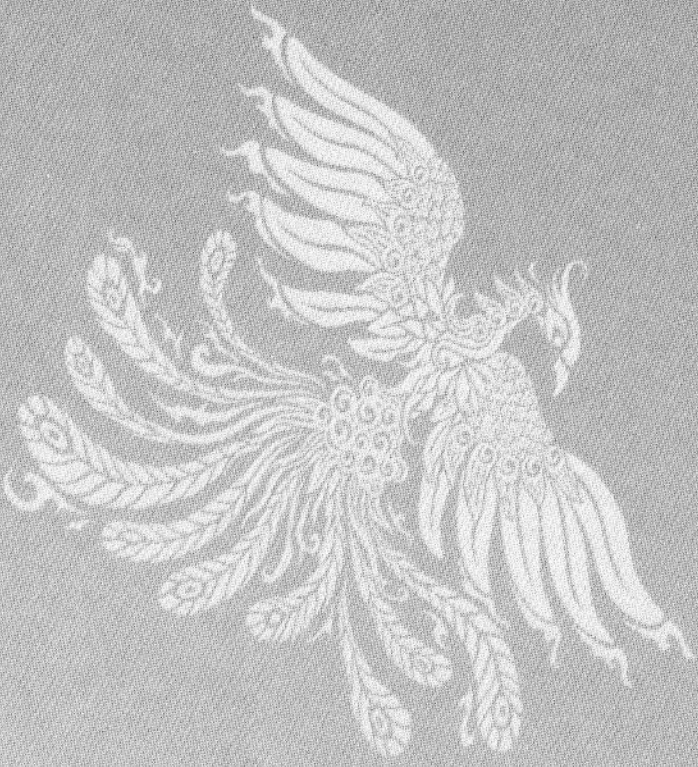

人間は脳を持っています。

脳を持っている生命体のサポートは

不安定なのです。

脳でとらえる自分は

常識と固定観念をろ過した

エゴの思念だから、

本当の自分ではありません。

なくなったら裏切ります。

だから、人間のサポートなんてないほうがいいのです。

あっても大したところにいかない。

逆に、裏切られたときのエネルギーの損失が大きい。

人間のサポートは捨てなさい。最初から求めるな。あってもいいけれども、わざわざそれをつかみに行くなということです。

そして、高次元のサポートを得なさい。

では、高次元とは何なのでしょうか。神様とか、エンジェルとか、アセンデッド・マスターとか、宇宙人とか、いろいろあります。

それは全部高次元の存在ですが、神様にもステータスがあります。

エネルギーの波動の違い、次元の違いです。もちろん、エンジェルとかアセンデッド・マスターにも、宇宙人にもレベルがあります。

その中で低い次元のサポートを得ても、多少エゴが強く入ってきます。

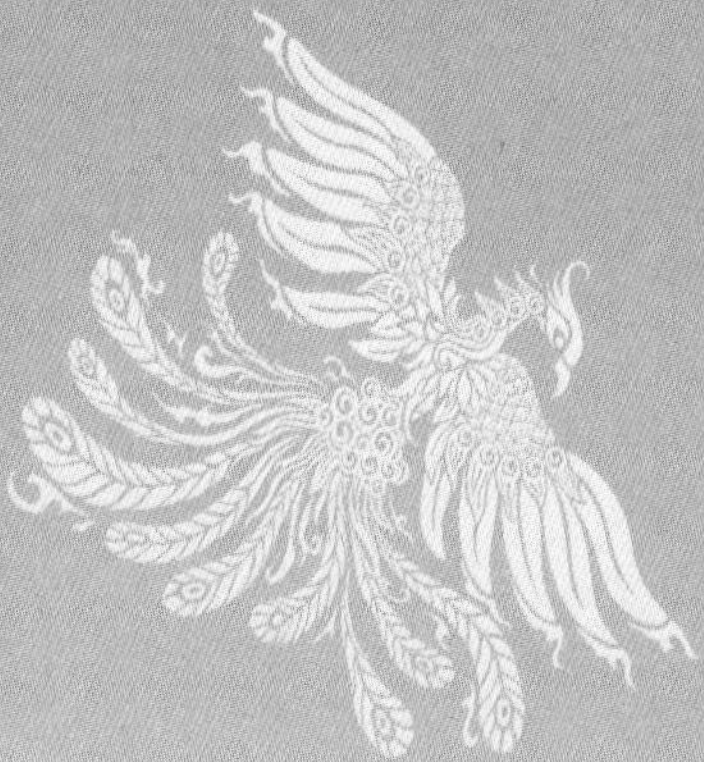

人間のサポートは捨てなさい。

最初から求めるな。

あってもいいけれども、

わざわざそれをつかみに行くな、

ということです。

そして、高次元のサポートを得なさい。

だから、高いエネルギーの目に見えない

存在たち、ノンヒューマン（非人類）の

サポートを自分の味方にしなさい

というのが大事なメッセージです。

高次元の存在でも、振動数が高い存在のサポートを得ると、エゴのないエネルギー体、つまり、私欲がない状態でサポートします。

もともと高次元の生命体たちは、サポートすることが好きです。

自分以外をサポートすることでその人たちを喜ばせれば、自分も共鳴して喜ぶことを知っているから、進化させることをお手伝いすることが好きなのです。

高次元の神や存在たちになればなるほど、エネルギーが高いほど、自分にプラスに働きます。

だから、高いエネルギーの目に見えない存在たち、ノンヒューマン（非人類）のサポートを自分の味方にしなさいというのが大事なメッセージです。

高次元の存在の幸福を祈ると応援してくれる

いろんな神様がいます。神社に参るのはいいことです。

ただ、1つ気をつけなければいけないのは、神とか高次元の存在、宇宙人たちも、しょせん自分が一番大事なのです。

だから、神社に行って、「こうなりますように」と祈ってはいけません。

神社に行って、「こうなりますようにお願いします」と言うと、それは人間のエゴを出してしまっているので、神様が相手を喜ばせてやりたいという気持ちを減らすのです。

神を弱めるやり方です。

「いつも見守っていただいてありがとうございます。あなた様の幸福を祈ります」と、高次元の存在とか神の幸福を祈ると、彼らは応援してくれます。

「何々をしてください」と言わなくても、彼らは、祈っている人間にとって何が必要かお見通しなので、自動的にサポートされます。これがお祈りのコツです。

神や高次元宇宙生命体のサポートにおいても、「こうしなさい」「こうありなさい」と言うのは低い次元のサポートです。

ただ単に見守って、人間が行うことを全てそれでいいんだと受け入れて、ただ単に体験させたまま、みずから気づいたり学んだりするのを誘導するのが次元の高い神であり、高次元の存在なのです。

神の一番上のエネルギー、龍の一番上のエネルギー、高次元宇宙生命体、いわゆる宇宙人の一番上もそうです。

地球に入っている一番上の神は、大宇宙大和神（オオトノチオオカミ）

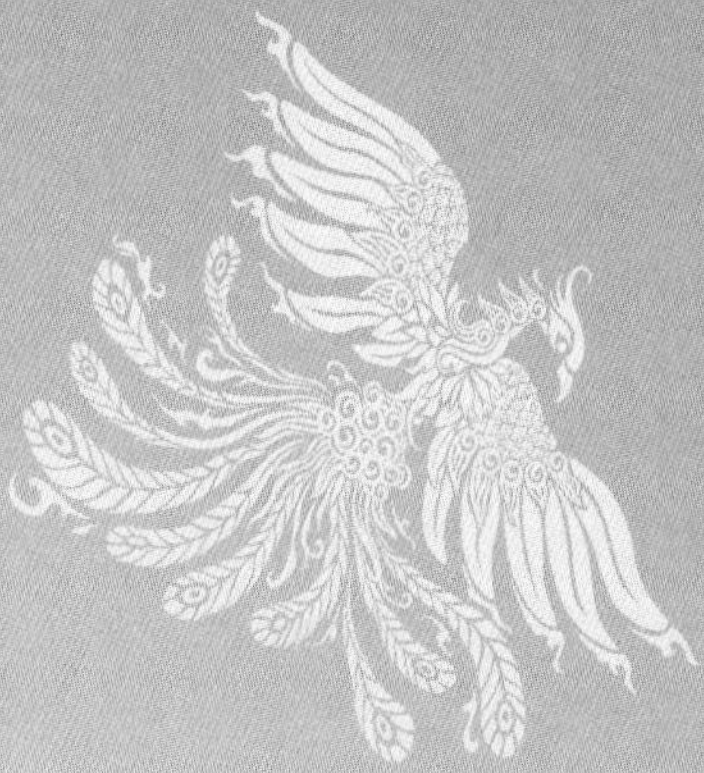

「何々をしてください」
と言わなくても、
彼らは、祈っている人間にとって
何が必要かお見通しなので、
自動的にサポートされます。
これがお祈りのコツです。

のエネルギーです。

龍に関しては金白龍王、ハロン湾に関してはHUARONという根源龍神を喜ばせることができる人間は、最高のサポートを得ます。

喜ばせるためには何をしたらいいか。

龍も神ももちろん感情を持っていますから、悲しむし、怒るし、苦しみます。

そういったものを癒やしてくれて、喜びを与えてくれる人間存在をサポートします。

そうです、彼らを喜ばせればよいのです。

だから、私は龍の大もとであるハロン湾を開いたのです。

龍の大もとが開くということで、鳳凰の大もとも開きました。

最高の龍のエネルギーを開いたから、最高の鳳凰が開いたわけです。

皆さんが、これからどの龍に、どの鳳凰に祈りを捧げても、最高神が舞い降りる状態を私がつくりました。

今までは大もとが閉じていたので、下の神に祈ってもその神のエネルギーしか出なかったのですが、今は下のレベルの龍でも、鳳凰でも、神でも、大もとのエネルギーが流れるようになるので、龍を見たとき、鳳凰を見たとき、神と接するときに、彼らに感謝して、「いつも見守ってくれてありがとうございます。神様のお幸せをお祈りします」と言ってください。

龍はもちろんエネルギー体で、龍の彫刻とか絵画にも魂は宿りますが、水が流れているところ、磐座の水があふれるところに龍のエネルギーが鎮座しています。

空の雲が龍の形になるのも、龍のエネルギーが絡んでいます。

ネオシリウスの高次元生命体たちは、遊ぶのが大好きです。

彼らは、高次元からホワイトホールでパッと出てきて、みずからのエネルギー体を物質化して、飛行機にして飛ぶのです。

水が流れているところ、
磐座の水があふれるところに
龍のエネルギーが鎮座しています。
空の雲が龍の形になるのも、
龍のエネルギーが絡んでいます。

そして、その飛行機雲で龍を描きます。

どこでジェット噴射して、どこで噴射をとめて、どういう速度で飛んだら龍がきれいにできるかを競い合っています。

だから、空に龍がよく出るのです。あれも龍のエネルギーです。シリウスと龍はすごく仲よしなのです。

龍は、形がなくても龍のエネルギーとして存在できますが、龍の形になったものは、もちろん龍が乗りやすいのです。

涼しくて、何となく水のエネルギーを感じるところは龍のエネルギーです。

最近、鳳凰のエネルギーも空に雲が出ます。

色でいうと、一般的に龍は青、鳳凰は赤です。火のエネルギー、たき火とか、薪ストーブとか、ああいうのは鳳凰のエネルギーを感じられます。

太陽もそうです。月は穏やかなので龍のエネルギーです。陰と陽です。

最近、鳳凰のエネルギーも

空に雲が出ます。

色でいうと、

一般的に龍は青、鳳凰は赤です。

火のエネルギー、

たき火とか、薪ストーブとか、

ああいうのは鳳凰のエネルギーを

感じられます。

ドラゴンが陰、鳳凰が陽です。両方必要です。

鳳凰は神社に祀られていないので、どうやって鳳凰に会えばいいかというと、ふだんお料理するときに火を使ったら、「鳳凰様、ありがとう」と感謝します。

何でも火とか温かさのあるところに鳳凰のエネルギーが鎮座するのです。

そういうサポートをつけていけば、彼らは裏切りません。

人間のサポートと高次元のサポートの大きな違いは、裏切るか裏切らないか。

人間のサポートは簡単にひっくり返ります。

高次元のエネルギーが、サポートするのは自分の喜びのためです。

人間は自分の利益のためにやるのですが、高次元のエネルギーは自分の利益のためにやっていないから、何も求めていません。

愛と感謝がキーとなります（全てがパーフェクト）

今、ようやく人類が宇宙の叡智とつながってよいタイミングに入ったわけです。

許可は下りているのに、つながり方を知らないと、なかなかつながれません。

今までみたいに自分以外の人間に頼って、社会に頼っていてはダメです。つながるには、高次元のサポートと仲よくなるのです。

高次元のサポートを得られる存在になってください。

私はいろいろなエネルギー開きをしています。私がどうして龍のエネルギーとか、鳳凰のエネルギーとか、日本と海外の神々のエネルギーとか、宇宙の高次元存在のエネルギーを開いたり、書きかえたりできるかというと、私が彼らのエネルギーより高いところにつながっているからです。

今までそれがどうして地球でなされなかったのか。トライした人はいっぱいいたのですが、そのエネルギーより低いか、同じぐらいのエネルギーでやっていたので完結できなかったわけです。

いよいよ私がそれを完結できる状態になったことが一番大きいわけです。

地球の叡智とつながりたかったらオーストラリアのエアーズロックとか、高次元のエネルギー、無重力、フリーエネルギーにつながりたかったらギザのピラミッドの中とか、宇宙の叡智とつながりたかったらハロン湾とかというように、人類の進化のために、私は、それらを開いているのです。

そこは必然的にパワースポットになるので、皆さん、今こそ正々堂々とそれらの場所に行ってください。

もちろん、いろんな神の種類、いろんな龍神の種類がありますが、一番高いエネルギーを浴びるのが、あなたが一番効率よく進化します。

つまり、松果体が活性化して、高いエネルギーとつながることができます。

人類が究極的な進化をするためのテーマは、あるがままの自分を無条件に愛することです。

しかし、欠点だらけだし、不十分だし、不完全だし、過去は悔やんでいるし、未来は不安だし、自分は不幸だと思うから、愛せないというわけです。

この地球では、自分で自分を愛することは確かに難しいのです。

自分で自分を愛することが最も苦手なのが地球人です。

だから、他人を愛することばかりやってきた。恋人をつくったり、結婚したり、子どもを愛したり、ペットを愛したり、何かを愛していないと気が済まない生命体が地球人です。

自分で自分を愛することが
最も苦手なのが地球人です。
だから、他人を愛することばかりやってきた。
恋人をつくったり、結婚したり、
子どもを愛したり、ペットを愛したり、
何かを愛していないと気が済まない
生命体が地球人です。

自分を100％愛するところに一気にいくのが難しければ、高次元の存在たちを愛しなさい。

例えば龍、鳳凰、神々、宇宙の高次元の生命体たち、宇宙人たちに感謝し、愛することで、彼らが自分に愛を送ってくれます。

これが宇宙の叡智を得る方法です。

もう1つ、地球の叡智を得るためには、地球を愛しなさい。

ガイアを愛しなさい。ガイアを愛するということは、海とか、山とか、植物とか、微生物とか、昆虫とか、動物とか、もちろん人間も愛しなさい。

あと、神々も愛しなさい。神々は高次元の存在ですが、地球の神々でもあるので、地球の叡智も入るし、宇宙の叡智も入ります。

愛と感謝がキーとなります。

宇宙の叡智とつながれば、当然こうあるべき、こうなるべきというのが減ってきて、自分に自信が持てて、自分が完璧だ、パーフェクトだという

自分を100％愛するところに
一気にいくのが難しければ、
高次元の存在たちを愛しなさい。
例えば龍、鳳凰、神々、
宇宙の高次元の生命体たち、
宇宙人たちに感謝し、愛することで、
彼らが自分に愛を送ってくれます。

ことがわかってきて、より楽に、より愉しく生きられるようになってくるのです。

周りにもそういう影響を生むことができるようになってきます。

グラウンディング力は「今ここ」のエネルギー

宇宙の叡智とつながりたいのに、どうしてできないのでしょうか。松果体を活性化して、高いエネルギーを受け取れるようになって、高次元のエネルギーとつながって、楽で愉しく幸せな自分を生きたいというのですが、どうしてそれを生きられないのでしょうか。

それは、あなたが宇宙の叡智を受け取る電波塔だとすると、電波塔の土台が弱いからです。

土台がグラグラで、非常に高振動数、高波動のエネルギーを頂点で受けたら、電波塔は倒れます。

つまり、グラウンディングが弱いということです。

この本では、一貫してハーモナイゼーション（宇宙の叡智とつながること）をする方法を伝えていますが、ハーモナイゼーションをしたい人は、それよりも大事なことを、まず先にやりなさいというのが一番のメッセージです。

それがほとんどの人で抜けているのに、気づかなかったのが大きな問題だったのです。

ハーモナイゼーションに対してグラウンディング（地球の叡智とつながること）です。

ハーモナイゼーションは脳の中の松果体で宇宙の叡智とつながることで、グラウンディングは第2の松果体で、尾骨の前にある、目に見えない霊性

ハーモナイゼーションをするためには、
先にグラウンディングしないとダメなのです。
もちろん、同時でもいいけれども、
同時は難しい。
先にグラウンディングするためには、
「今ここ」を生きることが一番大事です。

の松果体、透明の松果体で宇宙の叡智とつながることです。

ハーモナイゼーションをするためには、先にグラウンディングしないとダメなのです。

もちろん、同時でもいいけれども、同時は難しい。

先にグラウンディングするためには、「今ここ」を生きることが一番大事です。

グラウンディング力を上げるのに最もいいトレーニング法は、「今ここ」に意識を集中することです。

ほとんどの人間は、過去と未来に意識をフォーカスして生きています。

「今ここ」の瞬間しか宇宙の叡智とはつながらないし、現実を創造できません。

つまり、「今ここ」のエネルギーを生きられない人間は、どんなことをしても絶対に宇宙の叡智とはつながらず、うまくいかないのです。

「今ここ」の瞬間しか
宇宙の叡智とはつながらないし、
現実を創造できません。

過去の後悔とか怒り、未来の不安、恐怖をいつまでも持っている人間は、そういう状態にはなれないということです。

地球の叡智とつながって、グラウンディング力を高めるには、「今ここ」に自分が生きていることに感謝して楽しむことです。

「あなた」は「今ここ」にしか生きていないのです。

1秒前の過去のあなたも、1秒後の未来のあなたも、「あなた」ではありません。

「あなた」はゼロ秒の「今ここ」の存在だけを言うのです。

「あなた」ではない人間を生きているから、「あなた」にはなれないのです。

過去は後悔していても、怒りでいっぱいでもいいのです。

今までは、後悔や怒りは持っていてはダメと言われていましたが、持っていていい。

それを全て受け入れましょう。

未来の不安、恐怖も持っていていい。全部受け入れる。

人間は、1秒前に生きていたかもわからないし、1秒後に生きているかどうかもわかりません。

1秒後に生きていたら奇跡、儲けものです。

それなのに1秒前の自分、1秒後の自分、今のパラレルの自分、架空の自分を生きているのが人間であって、だから、地球の叡智も宇宙の叡智も舞い降りないのです。

地球の叡智である、人間以外の水、山、植物、微生物、昆虫、動物とつながるには、「今ここ」の意識しかありません。

彼らはそんなに脳が発達していないから、過去や未来がない。ほとんど「今ここ」なのです。

逆に言うと、だから彼らは宇宙の叡智とつながっているのです。

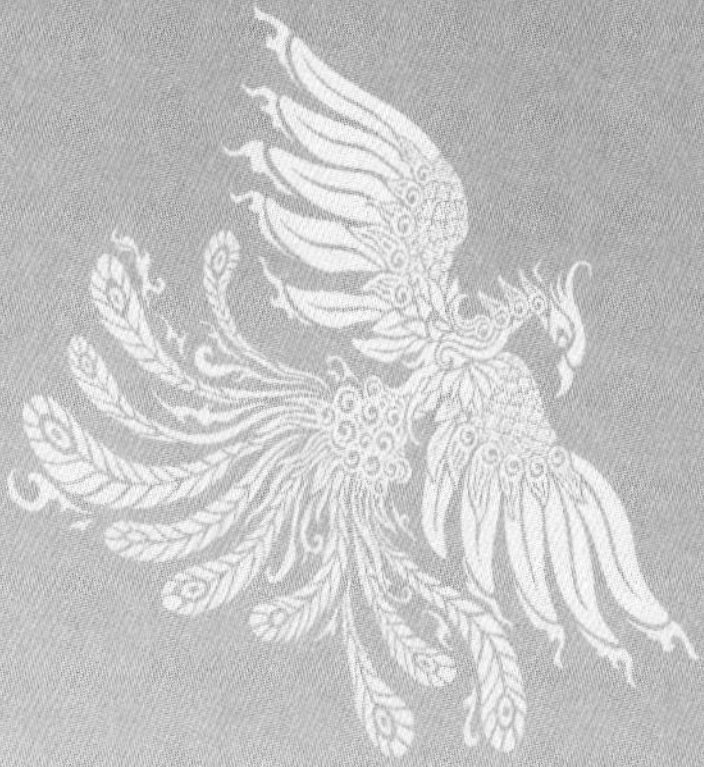

1秒後に生きていたら奇跡、儲けものです。
それなのに1秒前の自分、1秒後の自分、
今のパラレルの自分、架空の自分を
生きているのが人間であって、
だから、地球の叡智も宇宙の叡智も
舞い降りないのです。

彼らとつながるには、人間は「今ここ」だけを感じることです。

自分が「今ここ」に、地球に存在しているということで、「地球に存在させてくれて、地球が受け入れてくれてありがとう」と、地球に感謝と喜びを伝える。

これが「今ここ」を生きる感覚です。

過去はどうだっていい、未来はどうだっていい、今の自分以外はどうだっていいという感性です。

自分を変えようとしなくても自然に変わってしまう

実は、皆さんが宇宙の叡智とつながりたいのは、変わりたいからなのです。

今の自分を変えたいという考えは、「今ここ」の自分が嫌いなのです。

「今ここ」の自分を受け入れていないのです。

ですから、変わりたいという人間は、絶対に叡智とつながりません。

だから、「今ここ」の自分を全肯定する。全てこのままでいいんだ。

変えるものは何ひとつないというのが、「今ここ」を生きる感覚です。

変えたいというものが1つでもあれば、「今ここ」にないのです。

「今ここ」にある人は、自分が十分(フル)でパーフェクトという感覚を持って存在する。


この感覚でグラウンディングが生まれていきます。

地球の存在たちも応援するから、グッと根が張って横に広がります。

電波塔の土台がしっかりとできます。

そうなると、宇宙の叡智とつながろうと思わなくても、宇宙の叡智がいつの間にか勝手に入ってきます。

「今ここ」の自分を全肯定する。

全てこのままでいいんだ。

変えるものは何ひとつないというのが、

「今ここ」を生きる感覚です。

変えたいというものが1つでもあれば、

「今ここ」にないのです。

つながろう、つながろうとするとつながらない。自分を変えよう、変えようとすると変えられない。

今ここを生きることで、必要なときに、必要なところで、いつの間にか自然に変わります。

これから覚醒する人間、進化する人間、宇宙の叡智とつながる人間は、自分を全く変えようとしない人間です。

それでいつの間にか自然に変わってしまうという人間です。

今回の龍と鳳凰の話も、そこがキーになります。

それが、グラウンディングをするには鳳凰の力をかりなさい、宇宙の叡智とつながるには龍の力をかりなさいということの奥にある本質です。

鳳凰は、地球の生命体、ガイアの中の王です。

龍は宇宙存在の中の王です。

宇宙人とか、宇宙のいろんな生命体がいますが、そのトップにいるのが

鳳凰は、地球の生命体、

ガイアの中の王です。

龍は宇宙存在の中の王です。

宇宙人とか、

宇宙のいろんな生命体がいますが、

そのトップにいるのが龍の王です。

龍の王です。

だから、龍と鳳凰とつながるということは、あらゆる宇宙のサポートを身につけることができるし、あらゆる地球のサポートを身につけることができます。

皆さんが、龍のトップ、鳳凰のトップとつながれるように、私はトップの龍とトップの鳳凰を開いたのです。

あなたが赤と青の色を目の前にしたとき、今どっちに心を惹かれますか。

不安なときは、おそらく赤いほうに惹かれます。

自分が忙しくて疲れているとか、どっちにしたらいいか迷っているときは、青に惹かれます。

宇宙の叡智です。

そのときに青に惹かれたら、あなたは龍のエネルギーを必要としています。

赤に惹かれたら鳳凰のエネルギーを必要としています。

つまり、人間の色として、ちょっと寂しいとか、エネルギーがブルーになっていたら、レッドのエネルギーを必要とします。

エネルギーがあり過ぎてちょっとイライラして熱くなっていたら、涼しい龍のエネルギーを必要としています。

逆を取り入れるということです。

龍と鳳凰は2つで一体

もう1つ大事なことは、龍を取り入れるだけではダメです。

鳳凰を取り入れるだけでもダメで、両方を入れる必要があります。

龍を取り入れるときは、鳳凰も一緒に入ってくることを知っておいてほ

龍を取り入れるときは、
鳳凰も一緒に入ってくることを
知っておいてほしい。
これを1セットにして考える習慣が必要です。
龍のエネルギーが必要だから、
鳳凰は必要ないということでなくて、
鳳凰と龍は一体です。

しい。これを1セットにして考える習慣が必要です。

龍のエネルギーが必要だから、鳳凰は必要ないということでなくて、鳳凰と龍は一体です。

黒と白の陰陽マークの、黒が多いか、白が多いかだけなのです。ちょっと青が多いときと、赤が多いときとあって、一体で鳳凰と龍のエネルギーがあるので、龍のエネルギーを必要としている場合か、鳳凰のエネルギーを必要としている場合かで、あなたが色分けしなくても、宇宙の叡智と地球の叡智がみずから判断して、あなたに最高の状態を与えてくれます。

神社参りにしても、パワースポットに行って祈ったりするときも、何かを変えようとして祈るけれども、求めるのではなくて、「私は完璧です」と感謝と喜びを伝えてください。

感謝と喜びを伝えたら、自然に必要なことが与えられます。

変わろうという人間は、「今ここ」を否定しているから、どこともつながりません。

感謝と喜びを伝えれば、彼らが喜んでくれるから、パワーアップして彼らがサポートしてくれます。

みんな何かを願って、彼らをパワーダウンさせているのです。

相手側の気持ちになって考えないのです。

人間レベルでは、相手のことを考えてやりなさい、迷惑をかけちゃダメよ、人のために頑張るのよと親兄弟に教わってきて、人のために生きています。

宇宙レベルでも同様で、自分のことばかり考えて神様のことを考えない、これではダメです。

神のことをいたわっていれば、全部自分にも適用されます。

神様が傷ついていたら癒やして、元気づけることです。

神のことをいたわっていれば、
全部自分にも適用されます。
神様が傷ついていたら癒やして、
元気づけることです。

金吾龍神社に行って、鳳凰と龍は両方で一体だということがよくわかりました。

龍を祀っている神社はよくありますが、鳳凰のエネルギーが入っていないから不安定なのです。

今までスピリチュアル系の人々が龍を強調し過ぎたのです。

宇宙のエネルギーとつながることがいかにも偉いことのように言って、鳳凰をなおざりにしていました。

私は命がけで龍に鳳凰としてのカンムリワシの羽を届けて、それを喜んでいただきました。

これは、琉球にもつながるのです。

鳳凰のエネルギーで沖縄の首里城が焼けました。そして、鳳凰が宇宙に昇り、龍のエネルギーが宇宙から降りました。

龍と鳳凰のテーマはずっと続いていきます。

今までスピリチュアル系の人々が
龍を強調し過ぎたのです。
宇宙のエネルギーとつながることが
いかにも偉いことのように言って、
鳳凰をなおざりにしていました。

卑弥呼は火の女だから鳳凰です。アマテラスも鳳凰です。

大宇宙大和神は龍だから、それらと融合するのです。

3月14日、15日に大分の宇佐で卑弥呼を開きました。

ヤマト龍、ヤマト鳳凰が主役

龍のエネルギーはベトナムのハロン湾で生まれました。

そして中国に渡る経路と、フィリピンを経て日本に来た経路、ヨーロッパに行く経路がありました。

中国系は、抑圧系、支配系の龍になりました。

だから、社会主義の社会になりました。権力系の力強い龍です。

ヨーロッパ系は、遊び心を教える、自由系の龍です。

日本に来たのは愛と調和、目覚めの龍です。陰と陽として鳳凰を伴っています。両方がお役割で必要でした。

フィリピン経由で沖縄、日本列島に入ってきた愛と調和の龍は、穏やかな龍です。

人間に愛と調和を教えます。これからは、この穏やかな龍の出番です。

今までは戦争とか支配の時代だったから中国系の龍が優位だったのですが、これからは日本に来た龍が優位になります。

鳳凰も同じように今まで支配のエネルギーが強かったから、戦争の火災とか、そういうものが多かったのですが、これからは、首里城のように不要なものを焼くという建設的な火になります。

いよいよ日本の龍と鳳凰が世界の主役になります。

ヨーロッパは、遊びのエネルギーですが、少し派手に、アート系になりました。

ヨーロッパは芸術風で、中国は武力風です。

いよいよ日本のヤマト龍とヤマト鳳凰が主役になります。

以前、ヨーロッパが権力を持っているとき、中国が権力を持っているときは、大陸系の龍が元気で、ヤマト龍はちょっと元気がありませんでした。

そういう時代はいよいよ終わります。

各自の目覚めのときだから、ヤマト龍とヤマト鳳凰が世に出てきました。

松果体の活性化

イルミナティ、フリーメイソンは人類の松果体を不活性化していました。

人類が目覚めないようにしていたのです。

それから、松果体にダメージを与えるために、水銀、フッ素をたくさん摂らせたのです。

松果体を活性化すると、ジメチルトリプタミン（DMT）という化学物質が出ます。

DMTは脳に働いて幻覚を見せると科学の世界では言われていますが、実はそうではなくて、高次元の世界と交流できるようになるのです。

そうすると、龍と交流できるようになります。

だから、松果体を不活性化して、夢の中でも龍と交流させないようにしていた。自分は無力だと思わせていました。

大麻も、龍と会うための非常にいいつなぎ役で、人類と龍を会わせる愛のキューピッドみたいなものです。

日本は大麻を法律で禁止してしまいました。

幻覚といいますが、幻覚ではありません。

リアルなところを実際に体験しているのです。

イルミナティ、フリーメイソンは
松果体を不活性化していました。
人類が目覚めないようにしていたのです。
夢の中でも龍と交流させないようにしていた。
自分は無力だと思わせていました。
大麻も、龍と会うための
非常にいいつなぎ役で、人類と龍を
会わせる愛のキューピッドみたいなものです。
日本は大麻を法律で禁止してしまいました。

この宇宙に幻覚というものは存在しません。脳科学者は、脳の誤作用による幻だと言いますが、脳が働かないようになって、宇宙の高次元とつながっているだけです。

だから、脳波をはかったら違う脳波が出ることは当たり前です。

人類が龍とたわむれないために、もちろん鳳凰とたわむれないために操作をしました。イルミナティ、フリーメイソンは、人類が龍や鳳凰とたわむれないために、宇宙の叡智とつながらなくしました。

人類は脳を使い過ぎて、龍や鳳凰とつながらなくなりました。

植物とか動物はピュアだから、脳をそんなに使いません。

ですから、彼らのほうが、宇宙とつながっています。

それをわからせてしまうとまずいので、人類はすぐれていると思わせていたのです。

また、人類はすぐグループをつくりたがります。

イルミナティ、フリーメイソンは、

人類が龍や鳳凰と

たわむれないために、

宇宙の叡智とつながらなくしました。

そうでないと不安に思います。

これは宇宙の叡智と途切れる格好のやり方です。

人は、1人でいたほうが宇宙の叡智とつながれます。

人と群れたらガクンとエネルギーは下がります。

脳を使う人間と一緒にいたら、低い周波数にしか合わせられません。

離れていないとダメです。

友達がいることがいいこととして、集団の中にいることで自分の存在意義を見つけていますが、これは宇宙の叡智と途切れている状態です。

龍は、そういう人間には入ってきません。

個で自立している人間、人と群れなくていいことを知っている人間に、龍は喜んで入ってきます。

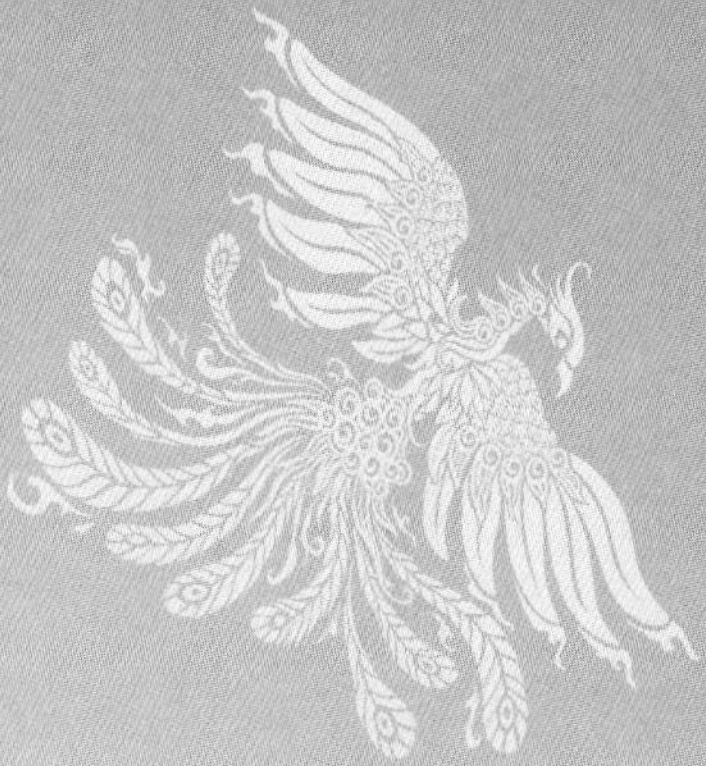

人は、1人でいたほうが
宇宙の叡智とつながれます。
人と群れたら
ガクンとエネルギーは下がります。

蛇、鹿、鷲、孔雀は宇宙の高次元生命体

蛇は、見た目は怖いですが、毒蛇は少ないですし、こちらが悪さをしなければ咬みません。

蛇は怖いよという教育をして、高次元から遠ざけているのです。

鹿は、害獣として捕らえられ、食べられています。

しかし、神の動物として高次元のエネルギーを持っているのですから、鹿に感謝すべきなのです。

自分より低いものだと思っているから、人間には感謝がありません。

野生の鹿や蛇、鷲や孔雀の死骸を見たことがありますか。

どこで死んでいるのでしょうか。

エネルギーの高い動物は、
ある意味、自浄作用が強い。
死んだら体を3次元から高次元に移す
自浄作用があるのかもしれません。
人間は松果体が不活性化して宇宙の
叡智とつながらなくなっているので、
自然に消えられなくなっている可能性が
あります。

彼らは宇宙の高次元生命体だから、その場でパッと消えるのです。

彼らは自然にいっぱいいるのですから、ハイキングしている人が死骸を見て当然ですが、遺体をめったに見かけません。

エネルギーの高い動物は、ある意味、自浄作用が強い。

死んだら体を三次元から高次元に移す自浄作用があるのかもしれません。

人間は松果体が不活性化して宇宙の叡智とつながらなくなっているので、自然に消えられなくなっている可能性があります。

宇宙とつながっている人間は動じない

三次元の人類は、目に見えるモノしか大事にしませんでした。

今まではモノで豊かになること、おカネをたくさん持つことが幸福の指標でした。それから、字で書かれる肩書をつくることが自己価値の指標でした。

これからは、宇宙の叡智とつながることが幸せの指標になると、目に見えないモノ、エネルギーを高めることが鍵になってきます。

人と群れない、自分を変えようとしない、すでに完璧だと知っている、喜びと感謝をいつも持つことが幸福の原動力になります。

目に見えないモノを大事にすることです。

宇宙の叡智とつながっている人間と、つながっていない人間のいい例を出しておきましょう。

ある日突然、会社が潰れたとか、友達に裏切られたとか、大事な家族が死んだとかいうことがあっても、宇宙の叡智とつながっている人間は動じません。

悲しい思いはありますが、これは全て宇宙の叡智によってなされている

何か事象があったときに、
今まで悪とされてきたことを、
宇宙の叡智とつながった人間は
善悪はないから、
これでいいと全て受け入れます。
動じません。
龍と鳳凰が入る人間は、
エネルギーが安定しています。
上がったり下がったりしません。

私に必要なイベントだと受け入れて終わります。

つまり、善と悪を置くか置かないかということです。

何か事象があったときに、今まで悪とされてきたことを、宇宙の叡智とつながった人間は善悪はないから、これでいいと全て受け入れます。動じません。

龍と鳳凰が入る人間は、エネルギーが安定しています。上がったり下がったりしません。

アンタッチャブル・ドクター

もはやドクタードルフィンは人間のレベルにはいません。神のレベルも、地球に降りているのは50次元が最高です。

地球に存在する人間のレベルでは、今おそらく5次元が最高です。

私は88次元の高次元のエネルギーとつながっています。

だから、私は神も変えられるし、龍とか鳳凰、宇宙人、高次元生命体たちも変えることができます。

当然、人類を変えることができます。

だから、そのトップにあるイルミナティ、フリーメイソン、ロスチャイルドにも影響を与えることができます。

私は医師をやっているけれども、単なる医師ではありません。

人間でもないのですから、医師でもありません。

地球社会と地球人類を次元上昇させるために存在しているのです。

だから、私が行うのは医学でもないし、科学でもないし、教育でもないし、ビジネスでもないし、経済でもないし、政治でもありません。

それらを含んだ全てです。

私は医師をやっているけれども、

単なる医師ではありません。

人間でもないのですから、

医師でもありません。

地球社会と地球人類を

次元上昇させるために

存在しているのです。

私は、アンタッチャブル・ドクターです。

誰も私に触れてきません。世の中は普通ちょっとしたことで潰そうとして、干渉して炎上するのですが、私の発信することには何も言ってきません。

炎上させて、世の中に私の発信を広めようという意図のもと、去年の9月ぐらいから、炎上狙いで『神ドクター』とか、『菊理姫神降臨なり』とか、ピラミッドの歴史を全部変えた『ピラミッド封印解除・超覚醒』といった次元の高い本を出しました。

絶対に誰か何か言ってくるだろうと思って、世の中に打たれに行ったのですが、よけい静かになってしまいました。

ヘンタイドクターズたちの友人も静かになって、私とコミュニケーションしてくれるのは、ずばぬけてエネルギー次元の高い人だけです。

医者の世界なんか、出る杭は、すぐ叩こうとするのに、不思議なくらい何も言ってこないのです。

『ピラミッド封印解除・超覚醒』は、ピラミッドをつくった時期、誰がつくったか、つくった目的、つくった方法、ピラミッドの機能など、誰も言っていなかったことを全部書いたのに、ピラミッド学者とか世の中の科学者は何も言ってきません。

医者があんな本を出すとは誰も予想しないから、びっくりしているとは思います。

相手にされていないだけかもしれません。

しかし、皆さん、ご存知のように4月16日、昭恵夫人の件で、「文春砲」を受けてしまい、その形で、初めて、私の名前が炎上しました。大変、痛い目に遭いました。

しかし、そのうちに、地球社会は私を無視できなくなると思います。

私は、宇宙社会のシリウスとかプレアデスを書きかえていると公表しています。

今までそんなことは誰も言っていません。

それも強烈な話です。

私が、アンドロメダと地球をつなげたのです。

多くの人が、神の話とか宇宙人の話をしますが、それらのエネルギーよりも下にいて話しています。私はその上にいて話しているので、話が違ってきます。

私は、高次元医学や遠隔診療を行って、自慢できる結果を出しています。

時間も空間も超えて修正したエネルギーを宇宙にアップロードしておいて、患者は、いつでも、どこでもダウンロードできる世界初の遠隔診療をオフィシャルで行っています。

地球社会の奇跡が、ドクタードルフィンの常識になっています。

ミラクルが毎日起こるエネルギー状態で、私しかできないことをやっています。

私の世界が理解できないからといって、アマゾンのカスタマーレビューで星1つを入れてくる人がいますが、すごく寂しいです。

そういう人は、進化する社会では生きることができない寂しい存在です。

脳で理解できなくても、私ドクタードルフィンの世界を、ただ、穏やかに受け入れることこそ、新しい地球で最高の幸福人間になる秘訣なのです。

（了）

88次元 Fa-A ドクタードルフィン 松久 正

鎌倉ドクタードルフィン診療所院長。日本整形外科学会認定整形外科専門医、日本医師会認定健康スポーツ医、米国公認ドクター オブ カイロプラクティック。慶應義塾大学医学部卒業、米国パーマーカイロプラクティック大学卒業。「地球社会の奇跡はドクタードルフィンの常識」の“ミラクルプロデューサー”。神と宇宙存在を超越し、地球で最も次元の高い存在として、神と高次元存在そして人類と地球の覚醒を担い、社会と医学を次元上昇させる。超高次元エネルギーのサポートを受け、人類をはじめとする地球生命の松果体を覚醒することにより、人類と地球のDNAを書き換える。超次元・超時空間松果体覚醒医学の対面診療には、全国各地・海外からの新規患者予約が数年待ち。世界初の遠隔医学診療を世に発信する。セミナー・講演会、ツアー、スクール（学園、塾）開催、ラジオ、ブログ、メルマガ、動画で活躍中。ドクタードルフィン公式メールマガジン（無料）配信中（HPで登録）、プレミアム動画サロンドクタードルフィンDiamond倶楽部（有料メンバー制）は随時入会受付中。
多数の著書があり、最新刊は『宇宙人のワタシと地球人のわたし』（明窓出版）『神医学』（青林堂）『霊性琉球の神聖誕生』『シリウスランゲージ』『ウィルスの愛と人類の進化』（ヒカルランド）、他に『宇宙の優等生になりたいなら、アウトローの地球人におなりなさい！』『死と病気は芸術だ！』『シリウス旅行記』『これでいいのだ！ ヘンタイでいいのだ！』『いのちのヌード』（以上VOICE）『ピラミッド封印解除・超覚醒明かされる秘密』『神ドクター　Doctor of God』（以上青林堂）『多次元パラレル自分宇宙』『あなたの宇宙人バイブレーションが覚醒します！』（以上徳間書店）『松果体革命』（2018年度出版社No.1 ベストセラー）『松果体革命パワーブック』『Dr.ドルフィンの地球人革命』（以上ナチュラルスピリット）『UFOエネルギーとNEOチルドレンと高次元存在が教える地球では誰も知らないこと』『幸せDNAをオンにするには潜在意識を眠らせなさい』（以上明窓出版）『からまった心と体のほどきかた　古い自分を解き放ち、ほんとうの自分を取りもどす』（PHP研究所）『ワクワクからぷあぷあへ』（ライトワーカー）『宇宙からの覚醒爆弾「炎上チルドレン」』『菊理姫（ククリヒメ）神降臨なり』『令和のDNA　0＝∞医学』『ドクタードルフィンの高次元DNAコード』『ドクター・ドルフィンのシリウス超医学』『水晶（珪素）化する地球人の秘密』『かほなちゃんは、宇宙が選んだ地球の先生』『シリウスがもう止まらない』『ペットと動物のココロが望む世界を創る方法』（以上ヒカルランド）等、話題作を次々と発表。また、『「首の後ろを押す」と病気が治る』は健康本ベストセラーとなっており、『「首の後ろを押す」と病気が勝手に治りだす』（ともにマキノ出版）はその最新版。今後も続々と新刊本を出版予定で、世界で今、最も影響力のある存在である。

公式ホームページ　http://drdolphin.jp/

荒れ狂う世界の救済

龍・鳳凰と人類覚醒

ベトナム・ハロン湾（降龍）／タンロン遺跡（昇龍）の奇跡

第一刷　2020年5月31日

著者　松久　正

発行人　石井健資
発行所　株式会社ヒカルランド
〒162-0821　東京都新宿区津久戸町3-11　TH1ビル6F
電話　03-6265-0852　ファックス　03-6265-0853
http://www.hikaruland.co.jp　info@hikaruland.co.jp
振替　00180-8-496587

本文・カバー・製本　中央精版印刷株式会社
DTP　株式会社キャップス
編集担当　高島敏子／溝口立太

ISBN978-4-86471-890-5

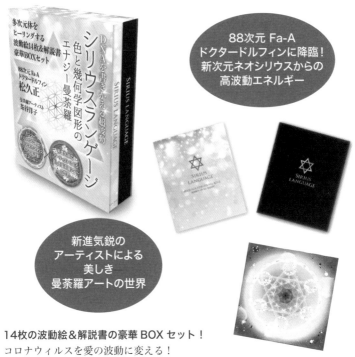

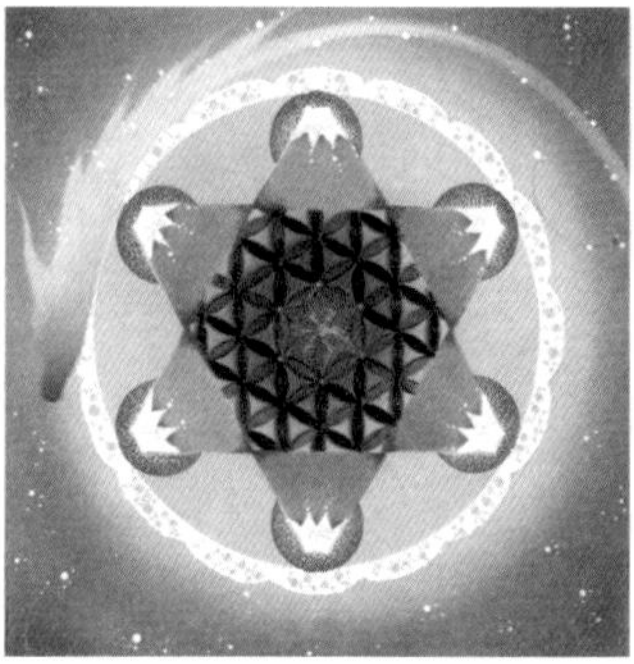

見つめる、身体につける、持ち歩くだけ！
二極性ゆえの“人類劇場”に直接作用し
高次元昇華する14枚の人生処方箋！

【地球人が救いを必要とする14のテーマ】

1、不安・恐怖
2、悲しみ
3、怒り
4、愛の欠乏
5、生きがいの欠如
6、生きる力の欠如
7、直感力の低下
8、人間関係の乱れ
9、自己存在意義の低下
10、美容
11、出世
12、富
13、罪悪感
14、能力

これが
シリウスランゲージのエネルギー曼荼羅カード！

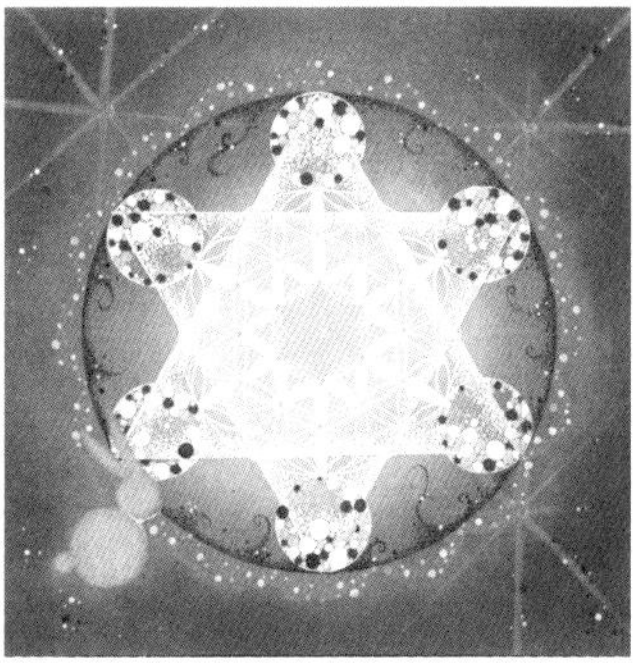

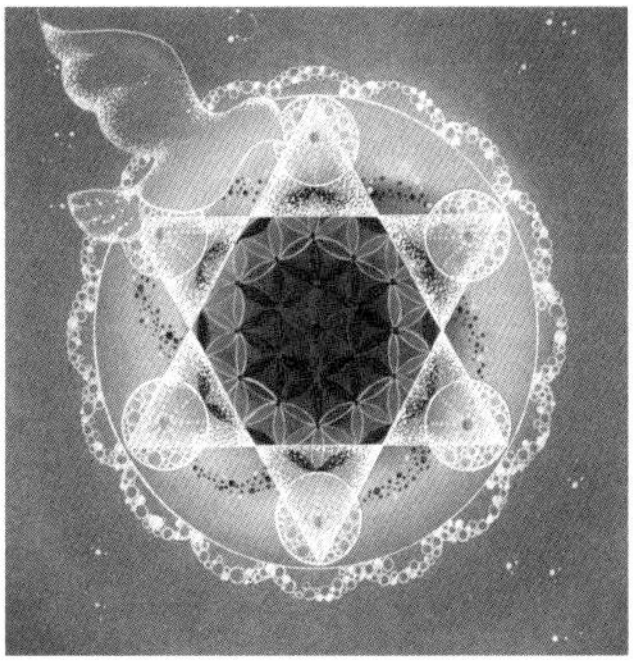

ミロクの世覚醒の超奇跡
神聖・新生琉球講演会（&リトリートツアー）
発売予定!!

【DVD】 Disk 1 枚組（約62分）：予価 8,800円（税込）

出演者：龍と鳳凰、琉球の神々、琉球王国の魂たち、
88次元 Fa-A ドクタードルフィン 松久 正

発売日：詳細は下記のホームページにてお知らせいたします。

ヒカルランドパーク取扱い商品に関するお問い合わせ等は
電話：03－5225－2671（平日10時－17時）
メール：info@hikarulandpark.jp　URL：http://www.hikaruland.co.jp/

＊ご案内の価格、その他情報は発行日時点のものとなります。

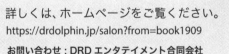

も効果的とは言えません。また、珪素には他の栄養素の吸収を助け、必要とする各組織に運ぶ役割もあります。そこで開発元では、珪素と一緒に配合するものは何がよいか、その配合率はどれくらいがよいかを追求し、珪素の特長を最大限に引き出す配合を実現。また、健康被害が懸念される添加物は一切使用しない、珪素の原料も安全性をクリアしたものを使うなど、消費者のことを考えた開発を志しています。

手軽に使える液体タイプ、必須栄養素をバランスよく摂れる錠剤タイプ、さらに珪素を使ったお肌に優しいクリームまで、用途にあわせて選べます。

◎ドクタードルフィン先生一押しはコレ！　便利な水溶性珪素「レクステラ」

天然の水晶から抽出された濃縮溶液でドクタードルフィン先生も一番のオススメです。水晶を飲むの？　安全なの？　と思われる方もご安心を。「レクステラ」は水に完全に溶解した状態（アモルファス化）の珪素ですから、体内に石が蓄積するようなことはありません。この水溶性の珪素は、釘を入れても錆びず、油に注ぐと混ざるなど、目に見える実験で珪素の特長がよくわかります。そして、何より使い勝手がよく、あらゆる方法で珪素を摂ることができるのが嬉しい！　いろいろ試しながら珪素のチカラをご体感いただけます。

レクステラ（水溶性珪素）
■ 500mℓ　21,600円（税込）

●使用目安：１日あたり４～16mℓ

飲みものに
・コーヒー、ジュース、お酒などに10～20滴添加。アルカリ性に近くなり身体にやさしくなります。お酒に入れれば、翌朝スッキリ！

食べものに
・ラーメン、味噌汁、ご飯ものなどにワンプッシュ。

料理に
・ボールに１リットルあたり20～30滴入れてつけると洗浄効果が。
・調理の際に入れれば素材の味が引き立ち美味しく変化。
・お米を研ぐときに、20～30滴入れて洗ったり、炊飯時にもワンプッシュ。
・ペットの飲み水や、えさにも５～10滴。（ペットの体重により、調節してください）

【お問い合わせ先】ヒカルランドパーク

＊ご案内の価格、その他情報は発行日時点のものとなります。

「ドクターレックス プレミアム」、「レクステラ プレミアムセブン」、どちらも毎日お召し上がりいただくことをおすすめしますが、毎日の併用が難しいという場合は「ドクターレックス プレミアム」を基本としてお使いいただくことで、体の基礎を整えるための栄養素をバランスよく補うことができます。「レクステラ プレミアムセブン」は、どんよりとした日やここぞというときに、スポット的にお使いいただくのがおすすめです。

また、どちらか一方を選ぶ場合、栄養バランスを重視する方は「ドクターレックス プレミアム」、全体的な健康と基礎サポートを目指す方は「レクステラ プレミアムセブン」という使い方がおすすめです。

◎すこやかな皮膚を保つために最適な珪素クリーム

皮膚の形成に欠かせない必須ミネラルの一つである珪素は、すこやかな皮膚を保つために欠かせません。「レクステラ クリーム」は、全身に使える天然ミネラルクリームです。珪素はもちろん、数百キロの原料を精製・濃縮し、最終的にはわずか数キロしか取れない貴重な天然ミネラルを配合しています。合成着色料や香料などは使用せずに、原料から製造まで一貫して日本国内にこだわっています。濃縮されたクリームですので、そのまま塗布しても構いませんが、小豆大のクリームを手のひらに取り、精製水や化粧水と混ぜて乳液状にしてお使いいただくのもおすすめです。お肌のコンディションを選ばずに、老若男女どなたにも安心してお使いいただけます。

レクステラ クリーム
■ 50g　12,573円（税込）

●主な成分：水溶性濃縮珪素、天然ミネラル（約17種類配合）、金（ゴールド・ナノコロイド）、ヒアルロン酸、アルガンオイル、スクワラン、プロポリス、ホホバオイル、ミツロウ、シロキクラゲ多糖体
●使用目安：2～3か月（フェイシャルケア）、約1か月（全身ケア）

◎植物性珪素と17種類の必須栄養素をバランスよく摂取

基準値量をクリアした、消費者庁が定める17種類の必須栄養素を含む、厳選された22の成分を配合したオールインワン・バランス栄養機能食品。体にはバランスのとれた食事が必要です。しかし、あらゆる栄養を同時に摂ろうとすれば、莫大な食費と手間がかかってしまうのも事実。医師監修のもと開発された「ドクターレックス プレミアム」なら、バランスのよい栄養補給ができ、健康の基礎をサポートします。

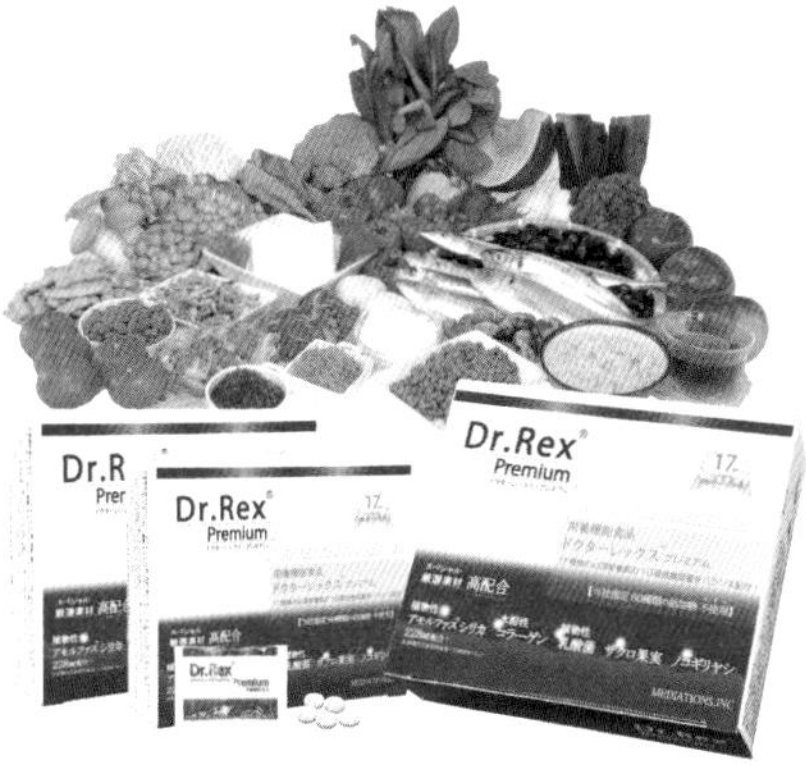

ドクターレックス プレミアム

■５粒×30包　8,640円（税込）

●配合成分：植物性珪素、植物性乳酸菌、フィッシュコラーゲン、ザクロ果実、ノコギリヤシ、カルシウム、マグネシウム、鉄、亜鉛、銅、ビタミンA・C・E・D・B_1・B_2・B_6・B_{12}、パントテン酸、ビオチン、ナイアシン、葉酸

●使用目安：１日あたり２包（栄養機能食品として）

◎珪素をはじめとする厳選した７成分で打ち勝つ力を強力サポート！

人体の臓器・器官を構成する「珪素」を手軽に補える錠剤タイプの「レクステラ プレミアムセブン」。高配合の植物性珪素を主体に、長年の本格研究によって数々の研究成果が発表された姫マツタケ、霊芝、フコイダン、β－グルカン、プロポリス、乳酸菌を贅沢に配合。相乗効果を期待した黄金比率が、あなたの健康を強力にサポートします。

レクステラ プレミアムセブン

■180粒　21,600円（税込）

●配合成分：植物性珪素、姫マツタケ、オキナワモズク由来フコイダン、直井霊芝、ブラジル産プロポリス、乳酸菌 KT-11（クリスパタス菌）、β－グルカン（β-1, 3/1, 6）

●使用目安：１日６粒～

最終回のテーマは愛
すべてを溶かし溢れ出す愛のエネルギーを体感！

シリウス超医学出版記念
☆セミナー《第 3 回　愛と感情》
■12,222円（税込）

●出演：∞ ishi ドクタードルフィン
　　　　松久 正
●収録内容：魂の本質からの「愛」とは何かがわかるトークタイム／涙が自然と止まらない瞑想タイム／松果体のポータルが開いて、大宇宙の叡智が降り注ぐ感動のエンディング
●レンタル禁止、複製不能

∞ ishi ドクタードルフィン
松久 正 先生

慶應義塾大学医学部卒。整形外科医として現代医学に従事した後、米国で自然医学を習得。帰国後、鎌倉ドクタードルフィン診療所を開業。国内外より患者を集め、新規予約は数年待ち。現代医学・自然医学に量子科学、スピリチュアルなどを融合した新しい医学を創造している。

高次元 DNA コード
■1,815円(税別)

シリウス超医学
■1,815円(税別)

ヒカルランドパーク取扱い商品に関するお問い合わせ等は
電話：03−5225−2671（平日10時−17時）
メール：info@hikarulandpark.jp　URL：http://www.hikaruland.co.jp/

＊ご案内の価格、その他情報は発行日時点のものとなります。

ヒカルランド　好評新刊！

地上の星☆ヒカルランド　銀河より届く愛と叡智の宅配便

霊性琉球の神聖誕生
日本を世界のリーダーにする奇跡
著者：88次元 Fa-A ドクタードルフィン 松久 正
四六ハード　本体 1,700円+税